Karoline von Günderrode

rororo

W0068530

rowohlts monographien
begründet von Kurt Kusenberg
herausgegeben von Wolfgang Müller
und Uwe Naumann

ro
ro
ro

Karoline
von Günderrode

Dargestellt von Markus Hille

Rowohlt Taschenbuch Verlag

Umschlagvorderseite: Karoline von Günderrode
Anonymes Gemälde, um 1800
Umschlagrückseite: Manuskriptblatt Karoline von Günderrodes.
Promenade in Wilhelmsbad. Gemälde von
August Wilhelm Tischbein, um 1790

Seite 3: Karoline von Günderrode und Bettine Brentano.
Historisierende Darstellung von 1840 (Ausschnitt)
Seite 7: Das Grab Karoline von Günderrodes auf dem Friedhof
in Winkel, Lithographie (Ausschnitt)

Originalausgabe
Veröffentlicht im Rowohlt Taschenbuch Verlag GmbH,
Reinbek bei Hamburg, September 1999
Copyright © 1999 by Rowohlt Taschenbuch Verlag GmbH,
Reinbek bei Hamburg
Alle Rechte an dieser Ausgabe vorbehalten
Umschlaggestaltung Ivar Bläsi
Redaktionsassistenz Karolin Marhencke
Reihentypographie Daniel Sauthoff
Layout Gabriele Boekholt
Satz PE Proforma *und* Foundry Sans *PostScript, QuarkXPress 3.32*
Gesamtherstellung Clausen & Bosse, Leck
Printed in Germany
ISBN 3 499 50441 3

INHALT

Alles, was das Gemüth anregt, erfrischt und erfüllt ist mir achtungswerth, sollte auch im Gedächtnis kein Monument davon zurückbleiben. So habe ich immer Biographien mit eigener Freude gelesen. Und es ist mir dabei stets vorgekommen als könne man keinen vollständigen Menschen erdichten, man erfindet immer nur eine Seite und die Complicirtheit des menschlichen Daseins bleibt stets unerreicht; und diese so recht wahrzunehmen hat mir immer an der Geschichte ein großes Interesse gegeben.[1]

Herkunft

*Ich bin eigentlich lebensmüde, ich
fühle daß meine Zeit aus ist, und
daß ich nur fortlebe durch einen
Irrthum der Natur; dies Gefühl ist
zuweilen lebhafter in mir, zuweilen
blässer. Das ist mein Lebenslauf.*[2]
Wenige Tage nach der Nieder-
schrift dieses Briefes an ihre
Freundin korrigierte Karoline
von Günderrode den Irrtum der
Natur, indem sie sich das Leben
nahm. In ihrem Freitod setzte sie selbst den Maßstab, den man
seitdem an die Beschreibung ihres Lebens, Dichtens, Liebens
und Sterbens legt.

Karoline von Günderrode entstammte der Höchster Linie des
Günderrodschen Geschlechtes und besaß in ihren unmittelba-
ren Vorfahren der väterlichen Linie, dem Großvater Johann
Maximilian (1713–1784), dem Onkel Friedrich Justinian
(1747–1785), der in Paris sogar mit Jean-Jacques Rousseau zu-
sammengetroffen war, und ihrem Vater Hektor Wilhelm
(1755–1786) bekannte und anerkannte Vorgänger auf schrift-
stellerischem Gebiet.

Am 11. Februar 1780 wurde Karoline von Günderrode in
Karlsruhe als ältestes von insgesamt sechs Kindern geboren und
auf die Vornamen Karoline Friederike Louise Maximiliane ge-
tauft. Ihr Großvater Johann Maximilian von Günderrode war
noch reich gewesen. Er besaß neben den 350 Seelen in der
reichsunmittelbaren Herrschaft Höchst an der Nidder[3] und
dem auf 115 000 Gulden geschätzten Vermögen seiner Frau an
liegenden Gütern den Fideikommiß «Kettenhof» bei Frankfurt
am Main mit 200 Morgen Land, ein Haus an der Eschenheimer

Johann Maximilian von Günderrode.
Stich von J. M. Bernigeroth, 1742, nach einer Zeichnung von J. R. Reuling

Gasse in Frankfurt und Höfe in Florstadt, Liederbach, Rödelheim, Gronau, Eckartshausen und Rommelhausen.[4] Offen ist, ob ihm sein Wohnsitz in Hanau gehörte, wo er als Regierungs-, Hofgerichts- und Consistorial-Rat des Landgrafen Wilhelm VIII. von Hessen-Kassel von 1751 bis 1766 tätig war. Der Vater Karolines, Hektor Wilhelm von Günderrode, wurde in Hanau geboren. Mit fünfzehn Jahren bezog er das Gymnasium von Karlsruhe. Aufgrund hervorragender Leistungen im Staatsrecht erhielt Hektor von Günderrode nach seinem Studium an der Universität von Göttingen vom Markgrafen Karl Friedrich von Baden die Stelle eines Regierungsassessors, die er im Juni 1775 in Karlsruhe antrat. 1776 unterzeichneten er und Louise Sophie Victorine Auguste von Günderrode (1759 bis 1819), die nicht seine Kusine war, die Eheverträge. Die Vermählung erfolgte 1778. Hektor von Günderrode schrieb und veröffentlichte neben zahlreichen Arbeiten über das Staatsrecht auch historische Biographien. Am 21. Mai 1781 erhielt er die Kammerherrnwürde und wurde mit der Reformation des Schulwesens und dem Aufbau eines Münzkabinetts in Baden betraut. Die übernommenen Aufgaben überforderten Hektor von Günderrodes schwache Gesundheit. Im Frühjahr und im Herbst 1784, dem Todesjahr seines Vaters, erlitt Hektor von Günderrode «Anfälle von Blutspeien»[5]. 1785 trat eine vorübergehende Besserung seines Gesundheitszustandes ein. Aber am 14. Februar 1786 wiederholten sich die «Anfälle von Blutspeien», an denen Hektor von Günderrode «sanft des Nachts um ein Uhr, den 17. Mai 1786 in einem Alter von dreißig Jahren, zehn Monaten, einem Tage»[6] starb.

Auch Karolines Mutter Louise von Günderrode versuchte sich als Schriftstellerin, wie es in den literarischen Zirkeln der kleinen und großen Höfe in deutschen Residenzstädten üblich war. Außerdem beschäftigte sie sich mit Fichte, wie Karoline von Günderrode an Karoline von Barkhaus schrieb: *Der ganze Fichte kommt hier mit Dank zurük; die Mutter hat ihn durchgelesen.*[7] Nach dem Tod ihres Mannes zog Louise von Günderrode nach Hanau. An finanziellen Mitteln, um standesgemäß zu leben und ihre Kinder ausbilden zu lassen, standen ihr lediglich die Pension ihres Mannes von 300 Gulden und die Einkünfte aus dem von Kellnerschen Fideikommiß «Kettenhof» ihres Mannes zur Verfügung. Sie gehörte also der Schicht des verarmenden Adels an.

Hektor Wilhelm von Günderrode. Stich von J. C. Schleich nach einem Gemälde von Kisling

Hanau und die Grafschaft Hanau waren 1785 mit der Landgrafschaft Hessen-Kassel ganz vereinigt worden. Im Jahr 1797 schlug Erbprinz Wilhelm von Hessen-Kassel mit seiner Gemahlin Auguste, Schwester König Friedrich Wilhelms III. von Preußen, in Hanau seinen Wohnsitz auf. Unter Hinweis

Das Schloß in Höchst an der Nidder

auf die Verdienste des Großvaters ihres Mannes, Friedrich Maximilian (1684–1761), erreichte Louise von Günderrode ihre Aufnahme als Gesellschafterin in die Hofkreise. Die Angehörigen der Höchster und der Frankfurter Linie des alten Günderrodschen Geschlechtes zählten in Hanau und Frankfurt zur besten Gesellschaft.

Die Stadt Hanau war in Alt- und Neu-Hanau geteilt, die der alte Stadtgraben trennte. Die Neustadt hatten die wallonischen und flämischen Emigranten nach 1600 aufgebaut, ihre Goldschmiede- und Fayencekunst begründete den wirtschaftlichen Aufschwung Hanaus. Seine eigentliche Anziehung für adelige und großbürgerliche Kreise verdankte Hanau aber seinem Bad und den dazugehörigen Anlagen. 1773 erfolgte durch Landgraf Wilhelm IX. von Hessen-Kassel der erste Spatenstich für das Kurhaus. 1779 wurde das nach ihm benannte Wilhelmsbad feierlich eingeweiht und erlangte bald den Ruf eines attraktiven Luxusbades. Die Garten- und Wasseranlagen waren im englischen Stil angelegt und entsprachen dem Geschmack einer Zeit, die ihre eigenen Seelenzustände in der Natur gespiegelt sehen wollte. Vor allem rühmte man die ruhigen Sitten, das geregelte Arrangement an den Spieltischen für das Pharaospiel, die sauberen und gepflegten sanitären Einrichtungen und den hohen

Wilhelm IX.,
Landgraf
von Hessen-
Kassel.
Gemälde von
Wilhelm Böttner,
1790

Komfort bei gemäßigten Preisen. Eine besondere Attraktion stellte das mechanische Karussell in der Gestalt eines römischen Rundtempels dar, das auf einem Hügel weithin sichtbar errichtet worden war. Die üppige Ausstattung Wilhelmsbads mit Attraktionen und Kurmitteln täuschte aber nur mangelhaft über die Peinlichkeit hinweg, daß man dem eisenhaltigen Heilwasser nicht nur in medizinischen Kreisen keine großen Heilkräfte zusprach. Außerdem floß der Brunnen nur spärlich und trocknete zeitweilig aus.

1782, als das Kurbad im Zenit seiner Beliebtheit stand, ersetzte man das alte Wilhelmsbader Heckentheater durch einen gemauerten Bau, in dem auch im Winter Vorstellungen gegeben wurden und das gegen die Konkurrenz des städtischen Theaters in Hanau bestand. Karolines Mutter Louise von Gün-

HANAV.

derrode liebte das Theater und besuchte besonders die Komö-
dien. Karoline teilte diese Vorliebe nicht und langweilte sich
in Hanau, obwohl die ehemalige Residenzstadt dank der
Badegäste und der erbprinzlichen Hofhaltung zeitweilig höfi-
schen Glanz und erhebliche wirtschaftliche und geistige Akti-
vitäten bot.

Karoline und ihre Geschwister verlebten in Hanau eine
ruhige und glückliche Kindheit und Jugend. Karolines Schwester Charlotte, geboren am 25. Juni 1783, zeigte einiges Talent
im Malen. Ihr wird das einzige erhaltene Porträt Karolines

L. *Steinheimer Port.* M. *Canal Port.*
N. *Die Künste.* O. *Steinheim.* P. *Nidei Steinheim.*
Q. *Der Mayn.* R. *Keslau.* S. *Franckfort.*
T. *Bergen.* V. *Feldiberg.*

Ansicht von Hanau
im Jahr 1632.
Kupferstich von
Matthäus Merian

zugeschrieben. Karolines Schwester Wilhelmine, geboren am
10. März 1782, wurde von einer französischen Gesangslehrerin
in der italienischen Manier ausgebildet. Von den weiteren
Schwestern – Louise, geboren am 22. März 1781, Amalie, geboren am 16. September 1784 – und dem Bruder Hektor, geboren am 25. April 1786, wissen wir wenig. Die Familie unter-
nahm Ausflüge nach Wilhelmsbad und nach Steinheim auf
dem linken Mainufer: *Vor einigen Tagen war ich auf den Ruinen
der alten Burg Steinheim, von da aus man die ganze Gegend übersehen kann.* [8]

Steinheim am Main. Kupferstich von Matthäus Merian, 1646

Am 30. März 1794 starb die erste der drei Schwestern Karolines, Louise, an der «Auszehrung», das heißt der Tuberkulose. Während Karoline ihre Schwester pflegte, zog sie sich wahrscheinlich ein Augenleiden zu. Es könnte sich bei den von Karoline oft beklagten grauen Punkten um eine Glaskörpertrübung handeln. Sie tritt bei vielen Menschen auf, ohne größere Beschwerden zu verursachen. Die bei Karoline von Günderrode damit einhergehenden, unerträglichen Kopfschmerzen wurden vermutlich eher unabhängig von diesen optischen Irritationen durch eine chronische Bindehautentzündung hervorgerufen. Die tuberkulösen Veränderungen der Bindehaut und der Tränendrüsen können, insbesondere wenn auch die Hornhaut in Mitleidenschaft gezogen wird, heftige Kopfschmerzen verursachen.[9] Um ihre Augen zu schonen, benutzte Karoline von Günderrode grünes Papier. Oft zwangen die Kopfschmerzen Karoline von Günderrode dazu, bei zugezogenen Vorhängen in der Stube oder im Bett zu bleiben. Viele ihrer Briefe und Studien sind von fremder Hand geschrieben, weil Karoline von Günderrode sie ihren Freundinnen oder Schwestern diktieren mußte. Ungeachtet ihrer überlieferten Kurzsichtigkeit, ihres Augenleidens und ihrer Kopfschmerzattacken behielt Günderrode ihr von Geburt an apartes Aussehen, von dem Bettine von Arnim in ihrem Briefroman «Goethes Briefwechsel mit einem Kinde» erzählt: «Sie war so sanft und weich in al-

Die alte Zeichenakademie in der Gärnerstraße, Hanau

Das Frankfurter Tor in Hanau

Blick auf den Altstädter Markt vom Turm der Johanniskirche

len Zügen wie eine Blondine. Sie hatte braunes Haar, aber blaue Augen, die waren gedeckt mit langen Augenwimpern; wenn sie lachte, so war es nicht laut, es war vielmehr ein sanftes Girren, in dem sich Lust und Heiterkeit sehr vernehmlich aussprach; – sie ging nicht, sie wandelte, wenn man verstehen will, was ich damit auszusprechen meine; – ihr Kleid war ein Gewand, was sie in schmeichelnden Falten umgab, das kam von ihren weichen Bewegungen her; – ihr Wuchs war hoch, ihre Gestalt war zu fließend, als daß man es mit dem Wort schlank ausdrücken könnte; sie war schüchtern – freundlich und viel zu willenlos, als daß sie in der Gesellschaft sich bemerkbar gemacht hätte.»[10] Trotz ihrer Attraktivität war Karoline von Günderrode mit siebzehn Jahren noch unverheiratet. Die prekäre finanzielle Situation ihrer Mutter nötigte Karoline zur Wahl zwischen einer eilig vermittelten Versorgungsehe oder dem Eintritt in eine Institution für unverheiratete, verarmte adelige Frauen, von wo aus sie sich in Ruhe eine gute Partie suchen konnte.

Frankfurt

Am 4. April 1797 wurde Karoline von Günderrode in das von Cronstetten-Hynspergische Adelige Damenstift am Roßmarkt in Frankfurt aufgenommen, wo sie zwei Zimmer im Erdgeschoß bezog.

Das Damenstift war 1753 errichtet und durch Kaiser Joseph II. am 20. Dezember 1767 bestätigt worden. Seine Gebäude erstreckten sich breit und gedrungen vom Salzhaus her über die heutige Kaiserstraße bis an die großen Geschäftshäuser an der Westfront des Roßmarktes. Die Stifterin, Justina Katharina Steffan von Cronstetten, starb unvermählt im Jahre 1766 und hinterließ ihr mehrere hunderttausend Gulden betragendes Vermögen dem Stift als Universalerben, nicht ohne ihm eine von ihr geprägte Satzung mitzugeben, die folgende Hauptpunkte festlegte: Die Leitung besorgten drei Administratoren, die in den Sachen der Verwaltung nur Gott Rechen-

Frankfurt von Südosten. Kolorierter Kupferstich von Johann Jakob Koller, 1777

17

schaft schuldig waren. Bis zu zwölf in jedem Fall mittellose Frauen durften in die Stiftswohnungen aufgenommen werden. Sie mußten evangelisch-lutherisch sein und sich schwarz oder in dunklen Farben kleiden. Sie mußten Theater- und Tanzveranstaltungen meiden; Würfel- und Kartenspiele, Klatschereien und üble Nachrede waren ihnen untersagt. Das Mindestalter für die Aufnahme betrug dreißig Jahre. Außer von ihren Verwandten durften die Stiftsdamen keinen Besuch empfangen, noch sollten sie eine große Gesellschaft im Hause geben. Dies gelobten die Damen den Administratoren handtreulich. Mittag- und Abendessen wurden an der gemeinsamen Tafel eingenommen. Den Damen standen eine Pröbstin und eine Dechantin vor.[11] Obendrein fügte Kaiser Joseph II. bei der Bestätigung des Stiftes dem Gewand der Stiftsdamen einen Orden hinzu, den die Stiftsdamen seit der durch Kaiser Leopold II. erteilten Vermehrung an einem weißen, rotgeränderten Band «en écharpe» trugen. Das Ordenskreuz trug die Inschrift «In hoc signo salus», «In diesem Zeichen Heil».

Wie weit die Statuten bereits gelockert worden waren, zeigt neben Karoline von Günderrodes jungem Eintrittsalter eine briefliche Ermahnung ihrer Großmutter Louise Dorothea Agathe von Günderrode (1736–1799): «Ich zweifle gar nicht daß du liebes Medgen dein Betragen so einrichten würst, daß du uns alle Ehre magst und du dir hierin die gröste. Auch immer so dein Vertrauen zeigst, sowohl der Fräulein Pröbstin wie Fräulein Gredel, was schiklich oder nicht Schiklich ist. Dieses sind vernünftige Menschen. Das Nächtliche Laufen bringt keine Ehre, weil sich alsdann hier und da Etwas anfedelt, wo durch ich nichts gewönne.»[12]

Der Garten vor Karoline von Günderrodes Stiftswohnung grenzte an den der Familie Gontard im Anwesen zum «Weißen Hirschen», wo Friedrich Hölderlin von 1796 bis 1798 als Hauslehrer angestellt war. Von einer Begegnung zwischen Hölderlin und Günderrode, die seinen «Hyperion» sehr schätzte, ist jedoch nichts bekannt. Auch wenn die Statuten sehr gelockert worden waren, empfand die junge Günderrode das Leben mit den meist betagten Frauen im Stift als Belastung.

Das Cronstetten-Hynspergische Damenstift
von der Gartenseite aus. Foto, 1864

Sie suchte die Nähe von Anna Philippine Charlotte von
Fichard (1774–1849), die zur selben Zeit wie sie aufgenommen
worden war, und machte mit ihr ausgedehnte Spaziergänge
auf den Stadtbefestigungen oder vor die Tore Frankfurts.
Außerhalb des Stiftes besuchte Karoline von Günderrode ihre
neue Frankfurter Freundin Lisette Mettingh (1783–1857) und
deren Halbschwester Susanne (1775–1845). Vor allem mit
Lisette Mettingh verband sie eine fruchtbare Freundschaft.
Lisette Mettingh war eine außerordentlich intelligente Frau.
Sie beherrschte mehrere Sprachen, aus denen sie Erzählungen
ins Deutsche übersetzte. Ihre philosophischen und natur-
wissenschaftlichen Kenntnisse stellte sie in den Dienst der
Universitätskarriere ihres Mannes Christian Nees von Esenbeck (1776–1858), mit dem sie 1804 die Ehe einging und nach
Sickershausen zog. Mit Lisette Mettingh tauschte sich die
Günderrode intensiv über die Benachteiligung der Frau in
Beruf, Familie und wirtschaftlichen Angelegenheiten aus. Gemeinsam suchten die beiden Frauen nach Auswegen, den Be-
schränkungen der gesellschaftlichen Rolle der Frau zu ent-

Der Römerberg in Frankfurt. Kolorierter Kupferstich
von Friedrich Wilhelm Delkeskamp

kommen. Einer davon war die Bildung. Da ihnen als Frauen der
Zugang zu den Universitäten verboten war, halfen sie sich ge-
genseitig. Lisette Mettingh begleitete Karoline von Günderrodes Dichten von Anfang an mit kritischen Kommentaren und
Lektürevorschlägen. Ihr Mann Christian Nees war Karoline
von Günderrodes erster Mentor und besorgte die Drucklegung
ihres ersten Buches. Lisette und Karoline liehen sich gegen-
seitig Bücher aus und lasen sie gemeinsam, um ihrem reizlosen
Alltag zu entkommen. Weitere typisch weibliche Domänen
der Bildung waren Instrumentalunterricht, Gesang und Male-
rei. Charlotte von Günderrode zum Beispiel malte in Öl und
zeichnete mit Sepia, worüber sie an Karoline schrieb: «Meine
Liebhaberei zum Malen ist wieder von neuem entflammt worden durch einen Kupferstich im Düsseldorfer Kalender nach
der Himmelfahrt Maria von Guido Reni. In dieser schwachen
Kopie davon sieht man den großen dichterischen Geist, der
darin lebt.»[13] Karoline von Günderrode fertigte zu ihren Dramen Bleistift- und Tuschzeichnungen an. Da den Frauen die

üblichen Kavaliersfahrten – Bildungsreisen begüterter Studienabsolventen – versagt waren, erfuhren sie Bildung aus zweiter Hand: Es ist typisch, daß Charlotte von Günderrode das Gemälde Renis nur durch eine Kupferstichkopie kannte. Auch das Erlebnis von Naturlandschaften blieb den Männern vorbehalten, während die Frauen auf ihre Phantasie angewiesen blieben. In einem Brief vom 1. April 1800 über einen Gesellschaftsabend im Günderrodschen Haus knüpfte Karoline von Günderrode an Erlebnisse und Natureindrücke an, die ihr nur der Park von Wilhelmsbad mit seiner Orangerie vermittelt haben konnte. Bei dem im Brief erwähnten Merz handelt es sich um einen mit der Familie befreundeten Pfarrer. Die Briefstelle gibt zugleich Einblick in den Ablauf solcher Gesellschaften: *Wir sprachen von Naturschönheiten; ich sagte: Ich kann mir keinen schöneren Sinnengenuß denken, als ein heiterer Sommerabend in einem Orangenwald, wo der Mond ein ungewisses Licht durch die Blätter sendet, und der Gesang der Nachtigallen das einfache Murmeln einer Quelle unterbricht; dabei eine Luft, die laue Wellen von Wohlgeruch haucht. [...] Merz [...] sagte, es würde ihm ein höherer Genuß sein, auf einem überhangenden Felsen bei Nacht zu stehen, das Brausen des stürmischen Meeres zu hören, und zu sehen die dunklen Massen der Wolken, wie sie den Mond bald verschlängen, bald aus ihrem schwarzen Schlunde ausspieen. Dies ergriff mich und ich mußte ihm Recht geben. Wir sprachen noch einige Zeit darüber, dann kam Licht, und Merz las uns mit den brennendsten Farben der Töne einige der interessantesten Scenen aus den Räubern vor.*[14]

Gesellschaftstanz, Hauswirtschaft und Handarbeiten gehörten ebenfalls zur Ausbildung einer Frau aus gehobenen Kreisen. Die restliche Zeit vertrieben sich Karoline von Günderrode, ihre Schwestern, Freundinnen, Mütter, Tanten und Gesellschafterinnen mit Musizieren, Ausfahrten, Ballvorbereitungen, Rätselstellen und -lösen, Vorlesen oder Dichtübungen: «Unser Haus ist seit einigen Tagen ein Tempel der Musen geworden, der Pfarrer Merz und wir drei haben den Rücken des stolzen Hippogryphen bestiegen, um auf den Parnaß uns zu schwingen und nach vorgeschriebenen Endreimen zu dichten, doch ach! das stolze Tier wurde unter der schweren Last eine

Zeichnungen
Karoline von
Günderrodes
zur «Geschichte
der schönen
Göttin und
edlen Nympfe
Kallipso»

träge Mähre, und beschämt und langsamen Fluges kehrten wir wieder zurück. Auf beikommende Endreime wirst Du gebeten, ein Gedicht zu verfertigen»[15], teilte Charlotte von Günderrode aus Hanau ihrer Schwester Karoline in Frankfurt mit. Überhaupt bot das Verse- und Briefeschreiben den unterforderten Frauen eine der wenigen Möglichkeiten, auf sich aufmerksam zu machen. Da Briefe weitergegeben und bei Geselligkeiten vorgelesen wurden, eiferten die Frauen danach, ihren Briefstil

Kunstwerke zur Zeit Karoline von Günderrodes:
1787   Johann H. Tischbein: Goethe in der römischen Campagna
1802   Gottlieb Schick: Frau von Cotta
1802   Johann H. Füssli: Der Nachtmahr
1805/06   Carl Ph. O. Runge: Die Hülsenbeckschen Kinder

zu vervollkommnen, indem sie einerseits an ihrem Sprachstil feilten und andererseits unentwegt auf die Regungen ihres Gemütes achteten, über die sie sich in ihrem Brief ausließen. Bei Gefühlsmitteilungen orientierten sich die Briefschreiberinnen meist an Vorbildern in der Literatur, an denen sie sich maßen und messen lassen mußten. Denn Briefe galten in jener Zeit als Ausweis geistiger Bildung und emotionaler Erlebnisfähigkeit, weshalb man sie immer an ein halböffentliches Publikum schrieb, dessen Zusammensetzung dem Schreiber oft unbekannt war. Wenn im Brief nicht ausdrücklich Geheimhaltung oder sogar die Vernichtung des Briefes befohlen worden war, mußte der Absender damit rechnen, daß sein Brief öffentlich vorgelesen und an ihm fremde Leser weitergeschickt wurde. Alle Themen hatten im Brief ihren Platz, außer Politik, weil Briefe stichprobenartig von Zensurbehörden geöffnet und gelesen wurden. Dennoch lag über allen Bildungsanstrengungen der Frauen das Gefühl der Langeweile. «Langeweile beherrscht mich heute ganz unumschränkt. Mein Vergnügen diesen ganzen Tag beinahe war das Fenstersehen. Du kennst ja dieses traurige Sonntagsvergnügen. Meine ganze Hoffnung geht auf diesen Abend, wo wir zu Sophie gehen werden; schon werden die Preparate zum Anzug gemacht»[16], meldete sich Amalie von Günderrode brieflich bei Karoline. Besonders beliebte Ablenkung boten Klatschgeschichten, wie sie zum Beispiel die Schwestern Charlotte und Amalie an Karoline schrieben. «Du hast vielleicht schon das schreckliche unglück gehört, welches der Lieschen Margel begegnet ist. Ihre drei Kinder sind in der Zeit von zwei Tagen an den inokulierten Blattern gestorben. Höchst traurig mußt es für ihren Mann sein, welcher es durchaus und trotz den Willen seiner Frau haben wollte, daß ihnen die Blattern sollten inokuliert werden, besonderst das jüngste wollte sie durchaus nicht dazu hergeben.»[17] Oder: «Hier ist weiter nichts merkwürdiges vorgefallen, als daß sich die jüngste Wachs, welche einem Hasselmann versprochen war, in die Lahn gestürzt hat, niemand weiß die Ursache davon, auch hat man sonst nichts an ihr gemerkt, als daß es einige Zeit zuvor sehr melancholisch war. Der arme Hasselmann ist recht sehr zu bedauern, auch soll er, wie er die Nachricht davon bekommen hat, ganz wie rasend gewesen sein.»[18] Besonders gern tauschte man sich in Briefen über Leseeindrücke aus; meist wurde das besprochene Buch gleich mitgeschickt, um der Adressatin die Möglichkeit zu einer raschen Antwort auf den eigenen Standpunkt zu geben. Aber diese Gespräche und Briefe, denen sich viele Eintragungen Karoline von Günderrodes in ihr Studienbuch verdanken, konnten ein Universitätsstudium nicht ersetzen, ohne das besonders den schreibenden Frauen ein lebendiger Überblick über die zeitgenössischen Dichterschulen, an deren Themenwahl und Stil sie sich hätten orientieren können, unmöglich war. Die Günderrode war durch ihr Augenleiden obendrein behindert und dadurch noch isolierter. Der ungewöhnliche Stil, den sie in ihrer Dichtung ausbildete und der es schon ihren Zeitgenossen schwer machte, ihre Werke in den Literaturbetrieb einzuordnen, erklärt sich auch durch diese doppelte Benachteiligung.

Clemens Brentano traf den Kern des gesellschaftlich anerkannten Frauenbildes, als er an seine Schwester Bettine

Werke der Musik, zu Lebzeiten Karoline von Günderrodes entstanden:
1791   Wolfgang Amadeus Mozart: Requiem
1801   Joseph Haydn: Die Schöpfung
1804   Ludwig van Beethoven: Eroica
1805   E. T. A. Hoffmann: Singspiel zu Clemens Brentanos «Die lustigen Musikanten»

schrieb: «Alles, was ihr tut, muß Liebreiz werden oder Pflege und hängt einzig mit eurer einzigen Bestimmung zusammen, uns zu locken und aus dem Staat in jedem Augenblick zum bloßen Leben zurückzuführen und dann Mutter zu werden. Wie sollte ich mir anders das Geheimnisvolle, Lust und Andacht erregende, das mir über jeder blühenden züchtigen Jungfrau verbreitet ist, erklären, wenn es nicht bloße Durchsichtigkeit wäre, durch die mir ewig die Ewigkeit der Menschheit, die Produktion entgegenblickt? Und alles ist heilig, was uns fern ist und doch das Unsrige, und alles Heilige wird, wenn wir es berühren und mit dem Leibe ergreifen, Schöpfung, die nur mit Lust vor sich geht. Große Handlungen eines Weibes sind mir immer durchaus fatal gewesen, wenn sie nicht von dem Geschlechtstriebe oder der Mütterlichkeit ausgehen, das Weib kann nie menschlich groß sein, ohne mir das ekelhafte Geheimnis der Unfruchtbarkeit zu verraten.» [19]

In dem Kreis, in den Karoline von Günderrode durch den Einzug in ihre Frankfurter Stiftswohnung hineinwuchs, stand jedoch die bis dahin festgefügte gesellschaftliche Identität der Frau zur Disposition. Auch die Freundinnen Lisette Mettingh und Karoline von Günderrode tauschten sich über die natürliche und die soziale Bestimmung der Frau aus. Die beiden Frauen erprobten in Rollenspielen alternative Gemeinschaftsformen. Die Günderrode kannte etwa die als unsittlich abgelehnte Dreierkonstellation in Goethes «Stella» und orientierte sich in ihren späteren Liebesverhältnissen an ihr. Lisette Mettingh erinnerte sich in einem Brief an Günderrodes Männerpart in ihren gemeinsamen Theaterspielen: «Ich kann Dir kaum sagen wie seltsam mir eben itzt zu Muthe ist: ohngefähr so als wie an jenem Abend bey Dir als wir die Ketelhodt abgewiesen hatten und Du zur Hinterthüre hinausgegangen warst, an welcher ich Dich wieder erwartete, [...] als wenn Du mein Geliebter wärest; da dachte ich O mein Carlos wenn wirst Du erscheinen! [...] oft bin ich ausgelassen lustig, aber dann werde ich plötzlich still und sehr sehnsüchtig. weißt Du was ich dann tue? ich küsse meinen Bruder.» [20] Auch später in ähnlichen Spielen mit Bettine Brentano übernahm Karoline von Günderrode die männliche Rolle. Bettine nannte Günderrode deshalb scherzhaft «Günter».

Wie es Karoline von Günderrode in ihrem Stift zumute war, beschrieb sie nach ihrem Besuch von Mitte Mai bis zum 17. Juni 1799 auf dem Familiengut ihrer Freundin Karoline von Barkhaus (1776–1849), geborene Leonhardi, in Lengfeld im Odenwald: *Da sitze ich wieder in meiner einsamen Zelle, und die vergangenen schönen Tage scheinen mir ein Traum, der ein dumpfes schmerzliches Gefühl des verflossenen Angenehmen und des augenblicklich schmerzlichen Entbehrens zurükläßt.*[21] Nach ihrem Sommeraufenthalt im folgenden Jahr auf Gut Lengfeld hegte sie ähnliche Gefühle: *Ich muß Dir gestehen, daß mir vor meiner Zurückkunft ins Stift beinahe bange ist und daß ich es darum auch wieder verschoben habe, hinzugehen.*[22]

Karoline von Günderrode legte spätestens im November 1799 anstatt des üblichen Tagebuches ein Studienbuch an, in das sie Exzerpte und Gesprächsnotizen eintrug und das uns heute Aufschluß über die der Günderrode zumindest dem Namen nach bekannten Autoren gibt. Außerdem zeigen die Exzerpte, was die Günderrode an den Werken interessierte. Demnach kannte Günderrode u. a. Werke von Wilhelm Nicolaus Freudentheil, Carl Philipp Conz, Carl Ludwig von Knebel, Ludwig Theoboul Kosegarten, Ossian, Johann Gottfried Herder, Friedrich Schiller, Friedrich Hölderlin, Johann Wolfgang von Goethe, Novalis, Clemens Brentano, Jean Paul, Immanuel Kant, Frans Hemsterhuis und Friedrich Schleiermacher, Johann Gottlieb Fichte, Friedrich Wilhelm Schelling, Johann Caspar Lavater, Heinrich Steffens. Sie interessierte sich für Literatur, Philosophie, fernöstliche und nordische Mythologie, Chemie, Geographie, Religionsgeschichte, Physiognomie, Latein, Verslehre u. a. Damit

Die Frühromantik

1796 Wilhelm H. Wackenroder: Herzensergießungen eines kunstliebenden Klosterbruders

1796 Ludwig Tieck: Franz Sternbalds Wanderungen

1798–1800 Die Brüder Schlegel und Novalis geben die Zeitschrift «Athenäum» heraus

1801 Clemens Brentano: Godwi

1802 Dorothea Veit: Florentin

war ihre Bildung auf der Höhe der Zeit. Karoline von Günderrode schenkte bei ihrer Lektüre philosophischen Erkenntnissen ebensoviel Aufmerksamkeit wie der Psychologie dargestellter Charaktere. An Karoline von Barkhaus schrieb sie im Juli 1799: *Ich lese seit mehreren Tagen in Jean Pauls Siebenkäs, er gefällt mir ganz auserordentlich. Die Wahrheit in Lenettens Charakter ist überraschend, im kleinsten wie im größten Zug so ganz ein gemeines Weib, unfähig gros zu denken und zu fühlen. [...] Bisher las ich auch sehr viel in Herders Ideen zur Philosophie der Geschichte der Menschheit, bei allen meinen Schmerzen ist mir dies Buch ein wahrer Trost, ich vergesse mich, meine Leiden und Freuden in dem Wohl und Wehe der ganzen Menschheit, und ich selbst scheine mir in solchen Augenblicken ein so kleiner und unbedeutender Punkt in der Schöpfung, daß mir meiner eigenen Angelegenheiten keiner Thräne, keiner bangen Minute werth scheinen. Nur schade daß dies Gefühl nicht lange dauert, bald darauf fordert mein eigener Kummer wieder alle die Theilnahme, die ich vorher nur der Menschheit geben konnte und wollte. [...]*

Ich habe den größten Theil des heutigen Tages im Bette zugebracht, mein Kopf ist wüst, ich weiß Ihnen nichts vernünftiges mehr zu schreiben.[23]

Mit der Identität der Frau setzte sich Karoline von Günderrode von Anfang an auseinander, was sich besonders gut an ihren Exzerpten aus Friedrich Schlegels «Über die Philosophie. An Dorothea» ablesen läßt. In diesem Aufsatz behandelte Schlegel die Stellung der Frau zur Philosophie, zum Mann und zur Gesellschaft. *Nicht die Bestimmung der Frauen, sondern ihre Natur, u Laage, ist häuslich, u diese letztere verstrikt sie oft so sehr in die Bedürfnisse der Ökonomie daß sie sich ihres göttlichen Ursprungs nicht bewußt werden. U wen sie sich einmal aus dem Strom der Gemeinheit empor heben so geschiehts meistens nur wen sie stärker lieben als es die häusliche Moral gutheist.* (SW II, S. 278) Das war auch die Ansicht, die man sich nach Günderrodes Freitod über sie gebildet hatte: Die Dichterin sei eine Liebe eingegangen, die über die ihr angemessene häusliche Ökonomie gegangen sei. Schlegel suchte einen Weg, wie man im Zusammenleben der Geschlechter der biologischen Bestimmung zur

Fortpflanzung Rechnung tragen und zugleich der dadurch oft verschuldeten Unbildung der Frau entgegenwirken konnte. In ihren Reflexionen über die Ordnung der Geschlechter legte Günderrode viel Wert auf die Relativität der Unterschiede zwischen Mann und Frau: *Die Mänlichkeit u die Weiblichkeit wie sie gewöhnlich genomen werden sind Hindernisse der Menschlichkeit, die man zu mildern suchen muß damit die Eigenheit weitere Gränzen finde um sich darin zu bewegen.* (SW II, S. 280) Günderrode wollte nicht Schlegel verstehen, sondern sie suchte nach der Begründung der dichterischen Tätigkeit des Menschen jenseits der Grenzen geschlechtlich oder gesellschaftlich definierter Rollen. Daher relativierte sie den Unterschied und die Verflochtenheit der Geschlechter, indem sie das Problem in ihrem Schlegel-Exzerpt vor dem Hintergrund der kosmischen Ordnung behandelte. Friedrich Schlegel schrieb: «Je vollständiger man ein Individuum lieben oder bilden kann, je mehr Harmonie findet man in der Welt.»[24] Günderrode übersprang die zwischenmenschliche Liebe und entgegnete: *Der Gedanke des Universums ist mir Eins u alles; doch däucht mir ein gewisser Wechsel zwischen Jndividualität u Universalität, der Pulsschlag des höhern Lebens.* (SW II, S. 280)

Befreiungsversuche aus dem Stift

Ihre Zeit im Frankfurter Stift unterbrach Karoline von Günderrode durch längere Reisen; sie kam in ihrem Leben weiter
herum als die meisten Frauen ihres Standes. Sie besuchte neben Hanau, Lengfeld, Butzbach und Trages auch Würzburg,
Heidelberg, Mannheim, Darmstadt, vielleicht Marburg und
Bad Schlangenbad. Diese Strecken bewältigte sie entweder
mit dem damals im gehobenen Bürgertum gebräuchlichen Rei-
sewagen, der «Berline», oder mit der Postkutsche. Man konnte
bei guter Witterung und intakten Wegen etwa vierzig Kilometer am Tag schaffen.
Reisen war zu Karoline
von Günderrodes Zei-
ten aus mehreren Grün-
den teuer, anstrengend
und gefährlich. Die
Gefährte kippten oft-
mals um oder blieben
im Schlamm der beson-
ders in Kriegszeiten bis
zur Unpassierbarkeit
zerstampften Straßen
stecken. Die Postillione
galten als trinklustig
und schlafsüchtig; die
Zollbeamten an den
Grenzen der 1125 eigen-

Ankunft der
Postkutsche.
Farblithographie
von Paul Hey

29

ständigen Herrschaften des Deutschen Reiches als bestechlich.
Zudem mußten vielerorts an den Grenzen die Spurbreiten der
Kutschen ausgetauscht werden, da die Geleise der Straßen keine
genormte Breite hatten. Die meisten ihrer Reisen führten Karoline von Günderrode nach Hanau. Von Hanau aus machte sie
im Juli und in der ersten Augusthälfte 1799 aufgrund ihres an-
gegriffenen Krankheitszustandes eine Badekur in Wilhelmsbad.

   Da Quellen über ihre Anwendungen fehlen, muß man Karoline von Günderrodes Kuralltag aus allgemeinen Berichten
erschließen. Wahrscheinlich hatte der Arzt bei Günderrode
eine nervös bedingte Schwermut diagnostiziert. Demzufolge
hätte ihr Kuralltag so ausgesehen. Morgens trank Karoline von
Günderrode zur Salonmusik eines auf der Promenade postier-
ten Kammermusikensembles im Brunnentempel ein Glas
vom eisensauren Heilwasser. Danach empfahl sich wegen der
Anfälligkeit der Günderrode für Schwindsucht und melancholische Verstimmungen eine umfangreiche Badeanwendung
unter Aufsicht des Badearztes, der im Badehaus seine Praxis
hatte. Neben der Praxis beherbergte das Badehaus die vier
Duschbäder, die man sich als mit warmem Wasser gefüllte
Wannen vorstellen muß, in die aus den in 45 Fuß Höhe ange-
brachten Behältern im Dachgebälk ein kräftiger Wasserstrahl

geleitet wurde. Bei Patientinnen wie Günderrode wurde der
Wasserstrahl besonders auf Stirn und Unterleib gerichtet, die
man für die von der Krankheit befallenen Körperpartien hielt.
Für die anderen Anwendungen wie Tropf-, Sturz-, Wannen-
und Dampfbäder mußte Günderrode den «Langen Bau» neben
dem Badehaus aufsuchen. Wünschte sie zur Erholung ein Bad

Promenade in Wilhelmsbad. Gemälde von
August Wilhelm Tischbein, um 1790

in einer marmornen Wanne, dann ging sie in den zweiten Badepavillon, der mehr als zwanzig meist marmorne Badewannen beherbergte, einige in den Fußboden luxuriös ausgestatteter Einzelzimmer eingelassen, jedes mit Klingelzug und Badethermometer versehen. Auf Wunsch konnte sie dem Wasser Kräuter und Schwefelzubereitungen zusetzen lassen und unterstützende Heilwässer aus anderen Bädern, etwa Pyrmont oder Schwalbach, beziehen. Zwischen den Wasseranwendungen hatte Karoline von Günderrode die Wahl zwischen Massage, Kegeln und Schießübungen auf Tonattrappen von Vögeln. Verpflichtend werden die zu jener Zeit vielgerühmten Schaukelanwendungen gegen nervöse Leiden und Schwindsucht gewesen sein. Hierfür setzte Karoline von Günderrode sich in einen drehbaren Sitz und ließ sich hin und her drehen. Das Schaukeln vor und zurück war dagegen untersagt.

Weil eine Geschlechtertrennung nicht vorgesehen war, zog sich Günderrode, wenn überhaupt, für die Wasseranwendungen ein Badhemd an, über das ein Badegast aus Wildbad 1758 berichtete, es gleiche einem «bis fast auf die Erde gehenden Schlafrock mit offenen (was besser ist) oder mit beschlossenen Ermeln und oben mit einem Kragen und Knopf. Hinten

werden mitten in dem Rücken zwei Bändel einer Ehle lang an-
genähet, mit welchen man sodann das Badhemd zuknüpfet.
Weißes Tuch schickt sich nicht darzu, weil es sehr an dem Leib
klebt und dadurch dessen ganze Beschaffenheit zeigt, sondern
man nimmt ein ungebleicht oder gar hänfen Tuch dazu.
Weibs-Personen lassen sich ein solch Bad-Hembd machen: Andere tun kein Hembd an, sondern bedecken den Ober-Leib mit
einem Capuziner-mäßigen Ober-Mantel oder Saloppe, so dann
bedienen sie sich eines ungefütterten Unterrockes von baum-
wollen Zeug oder Barchet; wiewohl Einige wahrscheinlich
meinen, die Kraft des Bad-Wassers werde durch die Dicke des
Barchents mercklich geschwächt.»[25]

Wilhelmsbad: Zwischenbau mit Badezellen

Friedrich Karl von Savigny

Von Mitte Mai bis Mitte Juni 1799 besuchte Karoline von Günderrode ihre Freundin Karoline von Barkhaus in Lengfeld und berichtete ihrer Schwester Charlotte nach Hause: *Oft, wenn ich hier auf einem Berge stehe und ferne Berge und Täler in ungewisser Ferne sehe, dann wird es mir so sehnsüchtig ums Herz, und ich scheine mir arm. – Gestern waren wir auf dem Ozberg, welche Aussicht! Den Odenwald, die Bergstrasse, das Schloß Rothenstein, der Melibokus, in der Ferne glänzt der Rhein wie ein breiter Silberfaden, einige Turmspitzen in ungewissem Nebel verraten Mainz und die Grenzen des Landes der Freiheit […].*[26] Während dieses Aufenthaltes verliebte Karoline von Günderrode sich heftig in den Jurastudenten Friedrich Karl von Savigny (1779–1861), den sie vermutlich auch erst dort kennengelernt hatte. Savigny war ein Marburger Studienkollege von Karoline von Barkhaus' Bruder Jakob Friedrich (Fritz) von Leonhardi (1778–1839).

Die Günderrode machte auf Savigny starken Eindruck, der jedoch der oben zitierten Schilderung Bettine von Arnims widersprach: «Ich erinnere mich, daß mir sonst viele Leute gesagt haben: ‹das günd ist sehr gut aber gar schwach›, damals habe ich Ihre Arme angesehen und den Kopf geschüttelt, jetzt fang ich an zu begreifen.»[27] Savigny hatte die Angewohnheit, Karoline von Günderrode in der neutralen Form «das Günderrödchen» anzusprechen. An ihren Humor und ihre Fähigkeit zur Ausgelassenheit erinnert sich auch Achim von Arnim in seinem Rückblick, in dem er von den gemeinsamen Scherzen erzählt, an denen Karoline von Günderrode beteiligt war.[28] Die Günderrode ging gerne auf Bälle und bat Karoline von Barkhaus, sie zur Karnevalszeit zu besuchen: *Ganz ohne ernsthafte Gedanken bin ich in das neue Jahrhundert eingetreten; ich war gerade auf einem lustigen Ball und in leichtsinniger Stimmung. […] Unsere Maskeraden gehen bald an, ich werde allda meinen Witz und Lustigkeit dem Publikum zeigen, jedoch inkognito.*[29]

Der Otzberg. Aquarell von Carl Philipp Fohr, 1823

Savigny fühlte sich durch Karoline von Günderrodes widersprüchliches Erscheinungsbild verwirrt, denn er liebte, so schreibt Friedrich Creuzer (1771–1858) über ihn, keine Überraschungen: «Er ist eine durchaus systematische Natur, der sich sein ganzes wissenschaftliches Leben schon nach bestimmten Grenzen abgesteckt hat. [...] Soll ich seinen inneren Menschen darstellen, so sehe ich ein Dürersches Bild, d. h. ich sehe die höchste Richtigkeit der Zeichnung, aber ich vermisse jenes italienisches Colorit, wodurch ich erst die frische Fülle des Lebens erkenne. [...] Er ist eine Hermesnatur; d. h. scharfsinnig, besonnen, gewandt, erfindsam – aber ohne die begeisterte und begeisternde Seligkeit, welche, das Leben verschönernd, dennoch den Tod liebet. Er ist zurückhaltend wie im Wort so in den Gütern dieses Lebens. Ihm fehlt die Gabe zu verschwenden. [...] Er liebt keine Scherze mehr, als die, welche auf einem logischen Schein beruhen und durch logischen Widerspruch zum

Lachen reizen. […] Ich behaupte auch, daß ihn einige Elemente der Kunst, Philosophie und Poesie gar nicht berühren.»[30] Karoline von Günderrode äußerte sich an keiner Stelle, was sie außer einer gewissen melancholischen Ausstrahlung an Savignys Charakter fasziniert hat. Wenn man die Beschreibung Creuzers gegen den Nachruf hält, den Louise von Günderrode über Karoline von Günderrodes Vater Hektor schrieb, dann ergeben sich einige Gemeinsamkeiten zwischen Savigny und ihrem Vater, die die rätselhafte Magie erklären könnten, die Savigny auf Günderrode ausübte. Ihr stand in Savigny ein für seine Jahre zu ernster, introvertierter und ehrgeiziger Mann gegenüber, der durch kühle Bescheidenheit und geistreichen Witz bezauberte. Wie Karoline von Günderrodes Vater Hektor beutete auch Savigny seine Gesundheit bei der Verfolgung seiner ehrgeizigen Ziele derart aus, daß er bereits mit zwanzig Jahren einen Blutsturz erlitten hatte, nach dem ihn seine Freunde, allen voran Fritz Leonhardi, zur Nachsicht sich selbst gegenüber mahnten. «Sein Plan, ein Reformator der Jurisprudenz, ein Kant in der Rechtsgelehrsamkeit zu werden ist groß – ist des Schweißes der Edlen wert – erfordert aber nicht nur einige Jahre, sondern eine ganze Lebenszeit, – und diesem Plan will und soll er hauptsächlich leben! […] erfordert aber doppelte Kraft, erfordert keinen siechen, schon halb zerrütteten Körper.»[31] Dabei vernachlässigte Savigny sein Gefühlsleben. Wie wenig Gemeinsamkeit im Erleben Savigny und Günderrode verband, zeigt ihre unterschiedliche Reaktion auf die Romanfigur der Lenette in Jean Pauls «Siebenkäs». Wie oben erwähnt, war Günderrode von der Genauigkeit, mit der Jean Paul diesen Charakter zeichnete, begeistert und sprach der Figur folglich viel Realismus zu. Savigny urteilte dagegen: «Etwas über die Blumenstücke. Gegen Lenette habe ich im Ganzen gar nichts, ihre Gemeinheit macht sie nicht einer ästhetischen Darstellung unwürdig und die Darstellung scheint mir gelungen – einige Carricaturzüge ausgenommen, wie z. B. die Frage: ‹was koche ich heute?› mitten in der Rührung, die ganz unnatürlich ist, ja ich möchte sagen unmöglich.»[32] Auch sonst mangelte es den beiden ungleichen Liebenden an Berührungspunkten, wie

Günderrodes rückblickende Schilderung jenes schicksalhaften Momentes auf dem Balkon in Lengfeld zeigt, in dem sie sich von Savigny eine Erklärung seiner Neigung für sie erwartete. Im Brief vom 10. Januar 1804 schrieb sie an Savigny: *Vor einigen*

Friedrich Karl von Savigny. Zeichnung von Ludwig Emil Grimm, 1809

Jahren stand ich mit einem gewissen jungen Menschen in dem Leonhardischen Garten auf dem Balkon, wir waren allein, und ich hätte gerne mit ihm gesprochen aber eine gewisse Beklemmung vielleicht gar Herzklopfen hielt mich zurük, der junge Mensch war auch eine Weile still, endlich mogte er wohl das lange Schweigen für unschiklich halten, er fragte mich: ‹Wie geht es Ihrem Bruder? ist er noch in Hanau?› – Diese Frage machte mir einen äuserst unangenehmen Eindruck, ich hatte allerlei Empfindungen dabei die ich nicht leiden kann. Sagen Sie selber hätte der junge Mensch nicht etwas viel ordentlicheres fragen können? ich bin ihm immer ein wenig böse darüber gewesen.[33] Mit der damals vermiedenen gegenseitigen Erklärung ihrer Gefühle füreinander begann ein vier Jahre andauerndes Versteckspiel, an dem sich auch Günderrodes und Savignys Freunde und Verwandte beteiligten. Zunächst behielt Günderrode ihre Gefühle für Savigny lange für sich. Erst im vierten Brief nach dem Aufenthalt in Lengfeld entdeckte sie sich am

4. Juli 1799 ihrer Freundin Karoline von Barkhaus: *Schon beim ersten Anblick machte Savingne einen tiefen Eindruck auf mich, ich suchte es mir zu verbergen und überredete mich es sei blos Theilnahme an dem sanften Schmerz den sein ganzes Wesen ausdrükt, aber bald, sehr bald belehrte mich die zunehmende Stärke meines Gefühls, daß es Leidenschaft sei was ich fühlte […]. Zürnen mögte ich mit mir selbst daß sich mein Herz so schnell einem Mann hingab dem ich wahrscheinlich ganz gleichgültig bin, aber es ist nun so […]. Ich bitte verbrennen Sie den Brief.* [34] Der melancholische Zug in Savignys Gemüt hatte seine Ursache in dem frühen Verlust seiner Eltern. Karoline von Barkhaus teilte Günderrodes Einschätzung von der Aussichtslosigkeit einer Verbindung Günderrodes mit Savigny, der zunächst nur seine Karriere im Sinn hatte und überdies Anforderungen an Frauen stellen konnte, die die unvollkommen ausgebildete und verarmte Adelige Karoline von Günderrode nicht erfüllte. Barkhaus schrieb an Günderrode: «Ihre Entdeckung befremdete mich nicht denn schon in Lengfeld glaubte ich bemerkt zu haben daß S. Eindruck auf Sie gemacht hatte […] will ich Ihnen den Karackter von S. soviel ich ihn bisher habe erkennen können beschreiben. Er ist gewiß ein Mann der allgemeine Achtung verdient und wer sich einstens das Weib dieses Mannes nennen kann hat gewiß ein beneidungswerthes Loos, die Theilnahme die er bisher an meinem ganzen Schiksal genommen hat, ist mir Beweis genug daß er ein fühlendes Herz hat, allein sein einsames Leben haben seine Gefühle sehr hoch gespannt und er hat sich daher ein Ideal geschaffen daß er schwerlich in dieser Welt wird realisirt finden er siehet daher alles aus einem ganz anderen Gesichtspunkt an und, über seine künftige Bestimmung ist er noch völlig unentschieden.» [35] Karoline von Günderrode versuchte vergeblich, sich ihre Leidenschaft auszureden. Schmerzlich erinnert sie sich daran, wie sie Savigny in Lengfeld nach ihrer Verbrüderung näher gekommen war. An Karoline von Barkhaus schrieb sie: *Ich fühle es nur zu sehr wie weit ich von dem Ideal entfernt bin daß sich ein S. erträumen kann als daß ich hoffen dürfte; gewis wird er ein Mädchen finden das seiner Liebe würdiger ist als ich, und beinahe liebe ich ihn zu sehr, zu uneigennützig um zu wünschen er möchte sein*

Ideal nicht finden; ich weiß selbst nicht was im innern meines Herzens vorgeht, mit welcher Hoffnung ich mich troz ienem traurigen Bewußtsein hin halte, aber doch ists so, ich kann es mir es nicht verbergen, ein leiser dunkler Glaube ist noch in mir. – Kaum glaubte ich mich aus den Stürmen der Leidenschaft gerettet, glaubte mich sicher, und ich sehe mich wieder verstrikt, ich liebe, wünsche, glaube, hoffe wieder vielleicht stärker als iemals [...]. Wie freute ich mich an ienem Morgen in Lengfeld wie wir Geschwister wurden, Bruder nante ihn meine Seele mit einer heiteren Innigkeit, die nicht größer, nicht reiner hätte sein können hätte ich ihn Geliebter genant. [36]

Auch wenn Savigny zurückhaltend auf Karoline von Günderrode reagiert hatte, so war sie ihm doch keinesfalls völlig gleichgültig geblieben. Anfang Juli 1799 beauftragte er einen anonymen Freund, bei dem nicht weiter bekannten Luxburg Nachforschungen über Karoline von Günderrodes Ehefähigkeit einzuholen: «Zum Schluß eine kleine Bitte. In Hanau wohnt eine Witwe von Günderrode über deren häusliche Verhältnisse, Kindererziehung pp. ich unterrichtet zu sein

Savignys Wohnhaus in Marburg unterhalb des Schlosses

39

wünschte. Da ich nun glaube, daß Luxburg weiß, wie ein gewisser teil des Publikums davon spricht, wenn auch nicht, wie es ist, – so thun Sie mir einen Gefallen, wenn Sie ihn gelegentlich und ohne daß er den Anlaß erräth, darum fragen. Ich kann Ihnen meine Veranlassung nicht sagen, weil die Sache nicht mich betrifft.» [37] An der Bitte Savignys um Diskretion läßt sich ablesen, daß er nicht namentlich mit der Familie von Günderrode in Verbindung gebracht werden wollte.

Unterdessen versuchte Karoline von Günderrode Trost im Lesen zu finden, indem sie sich den gelesenen Charakteren anzugleichen begann. Eine ihrer Lieblingslektüren war Friedrich Heinrich Jacobis «Woldemar», der anhand der Dreiecksgeschichte zwischen Henriette, Allwina und Woldemar die Minderwertigkeit der erotischen gegenüber der geistigen Liebe behandelte und so lebendiger Ausdruck des damals allgemeingültigen Bestrebens war, erotische Konflikte in der engen Welt der Gesellschaftkreise durch Vergeistigung des leiblichen Begehrens zu vermeiden. Woldemar und Henriette versuchen, eine ideale Freundschaft zu leben, die durch keinen sexuellen Impuls getrübt wird. Ihre Einheit erscheint derart perfekt, daß von banaleren Menschen vorgeschlagen wird, sie sollten sich doch heiraten. Aber Woldemar liebt Henriette auf solch metasexuelle Weise, daß ihm erst an Allwina, der Herzensfreundin Henriettes, der Unterschied zwischen Mann und Frau auffällt: «Henriette war für mich eben so wenig Mädchen als Mann; sie war mir Henriette, – die Eine Einzige Henriette; und es wäre gewesen, als hätte ich sie verloren, als hätt ich sie zu Grabe gebracht, wenn in Absicht ihrer in meiner Vorstellung irgendeine Verwandlung hätte vorgehen müssen, – in unserem Seyn, in unserem Thun und Wesen irgendeine Veränderung. – Nicht so Allwina. Ich fühlte oft nur zu lebhaft neben ihr – daß wir mit uns zweyen waren, – sie, Mädchen, und ich Mann. Sie war mein Urbild von reinem weiblichen Charakter; durchaus angelegt zur Gattin und zur Mutter; der Ausbund ihres Geschlechts. – Ich nahm sie mit Freuden; sie mit Freuden mich: ich war, entschieden, für sie der einzige Mann, sie, entschieden, für mich das einzige Weib.» [38] Karoline von Günderrode arbeitete hart an der Sublimierung ihres Begehrens und erreichte doch nur, daß sie immer unzufriedener mit sich wurde. Ihre Schwester Charlotte versuchte, sie zu trösten: «Deine Unzufriedenheit mit Dir selbst, obsgleich kein angenehmes Gefühl sein mag, ist dennoch gut und zeigt, wie sehr Du an Deiner Vollkommenheit arbeitest, ich wünschte mir dieses Gefühl, denn ich fürchte, ich habe nicht die starke Liebe zur Tugend, die uns so fest in ihrer Übung macht, daß wir über alle Gefahren siegen können.»[39] Aber Karoline von Günderrode empfand keinen Trost in der gewaltsamen Abspaltung der Sinnlichkeit von der Tugend. Immer wieder kehrte sie zu den Wünschen ihres Herzens zurück, so daß Karoline von Barkhaus ihr zur Vorsicht riet. Günderrode antwortete ihrer Freundin: *Sie sagen ich solle meinem Herzen nicht zu sehr nachgeben, und doch ists mein größtes Vergnügen diesen Träumen nachzuhängen.*[40] Für ihre Leidenschaft zu Savigny nahm sie sogar ihre Badekur vom Sommer 1799 in Kauf und schrieb an Karoline von Barkhaus: *[...] alle behaupten, ich sehe blaß und niedergeschlagen aus, unserer hiesiger Arzt glaubt eine Badekur würde mir helfen, die Mutter wünscht ich möchte bei dieser Kur noch bei ihr bleiben; ich stellte ihr zwar vor wie gut u nöthig es iezt wäre wieder nach Frankfurt zu gehen, umsonst, [...] um die geheime Sehnsucht welche mich dahin zieht wo ich von ihm hören kann zu verbergen willigte ich ein, denn meine Mutter darf und soll es nicht wissen.*[41]

Karoline von Günderrode konnte nicht über ihre Neigung zu Savigny siegen. Am 26. Juli 1799 schrieb sie aus Hanau an Karoline von Barkhaus: *Ihr Brief freut mich lebhaft, was könnte mir willkommener sein als von ihm zu hören, auch selbst dann wenn es schmerzlich ist was ich erfahre. Der Antheil welchen ich an seinem Schiksal nehmen kann wenn ich es weis entschädiget mich ein wenig, nicht für verlohrne Hoffnungen, aber doch für seine Entfernung.* Savigny hatte seine Studien abgeschlossen und war zwei Tage vor der Abfassung dieses Briefes zu seiner Kavaliers- und Studienreise durch Sachsen aufgebrochen, von der er erst im Juli 1800 zurückkehrte. *Ich kann Ihnen nicht sagen wie sich mein ganzes Wesen gegen den Gedanken ihn zu vergessen empört, nein, so viel Kumer mir diese Liebe machen mag, ich werde es nie bedauern ihn gesehn zu haben. – [...] Wenn Sie etwas von S. hören darf ich Sie dann bitten es mir zu schreiben, verargen Sie mir diese Bitte nicht, es ist ja das einzige was ich von ihm haben kann, der Schatten eines Traumes.*[42] Am 16. August schien es, als resignierte Günderrode endgültig in ihrer Liebe zu Savigny, in Wirklichkeit gab sie aber nur den Kampf gegen ihre Gefühle auf, um der Notwendigkeit freien Lauf zu lassen: *Wohl würde es besser sein nähme ich an S nur den Antheil einer liebenden Schwester, doch iezt steht der Grad dieses Antheil nicht mehr in meinem Willen.*[43]

Savigny hatte Günderrode während seiner Reise nicht vergessen. Auf das Gerücht hin, Fritz von Leonhardi sei ein Verhältnis mit Günderrode eingegangen, wollte er Genaueres wissen und bat seinen Freund Leonhard Creuzer, ihm Leonhardis diesbezügliche Antwort an Leonhard Creuzer zu schicken: «Auf was bezieht sich das, was Leonhardi schickt, zunächst? Hatten Sie ihm etwas darüber geschrieben und kennen Sie vielleicht die G? ich weiß nicht, ob ich über dieses Mädchen dem Gerücht glauben soll, nach welchem sie kokett oder prüd oder ein starker männlicher Geist seyn müßte, oder ihren blauen Augen, in denen viel sanfte Weiblichkeit wohnt. Ich

glaube nicht, daß sie für L., und ich weiß nach diesem Brief überhaupt nicht, was für ihn taugen könnte. Wir müssen darüber noch mündlich handeln.»[44] Leonhardi hatte an Leonhard Creuzer geschrieben: «Ich leugne nicht, daß ich die Frl. v. G. kenne und sie für ein bildungsfähiges und gutes

Der evangelische Pastor Leonhard Creuzer, Friedrich Creuzers Vetter, traute Clemens Brentano und Sophie Mereau in Marburg.

Geschöpf halte, versichere Sie aber dagegen, daß ich in diesem Augenblick gar nicht an Heirat denke, und am wenigsten an die G., und daß ich binnen einem Jahr nur einmal in Hanau war.»[45] Aber nicht nur, daß Savigny sich Karoline von Günderrode nicht aus dem Kopf geschlagen hatte. Er hatte öfters vor, sie in Frankfurt im Stift zu besuchen; am 19. Juni 1800 berichtete Charlotte von Günderrode ihrer Schwester aus Hanau: «Den Kriegsunruhen [im zweiten Koalitionskrieg besetzten die Franzosen Frankfurt und Hanau] hast Du zu danken, daß Du neulich nicht auf sehr angenehme Art von H. S. bist überrascht worden, jedoch ist dieses Vergnügen nur aufgeschoben, denn er wird nächstens mit Hektor nach Frankfurt gehen.»[46] Charlotte bezeichnete Savigny mit den Abkürzungen H. S. für Herr Savigny, um ihn möglichen Zensoren gegenüber nicht bloßzustellen. Mit Hektor ist Karoline von Günderrodes einziger Bruder gemeint. Tatsächlich annoncierte Charlotte am 31. Juli nach Frankfurt ins Stift: «Wie ich höre seit ihr mit den Franzosen außer ihrer Forderung ganz wohl zufrieden. Herr S. und Hektor gehen morgen nach Frankfurt, vermutlich werden sie Dir einen Besuch abstatten.»[47] Savignys Avancen wurden schließlich als derart eindeutige Heiratsabsichten interpretiert, daß Karoline von Günderrodes Schwestern ihn als möglichen Bräutigam betrachteten.[48] Woran ihre Heirat scheiterte, läßt sich heute kaum mehr ausmachen. Mehrere Gründe, vielleicht Karoline von Günderrodes durch irgend etwas bescholtener Leumund, ihre Verarmung, der Witwenstand ihrer Mutter, Karolines schwieriger Charakter, Savignys schablonenhaftes Denken und sein Mangel an Mut zu Leidenschaft und Liebe gegenüber der schwer berechenbaren Karoline, seine Aussicht auf eine reichere Partie, all diese Faktoren könnten zu dem Mißverständnis der vermiedenen Liebe zwischen Günderrode und Savigny geführt haben, das erst aufgeklärt wurde, als Savigny die vermögende Kaufmannstochter Gunda Brentano heiratete.

Butzbach

Ende 1799 war nach der Großtante Günderrodes auch die Großmutter Louise, beide mütterlicherseits mit Karoline verwandt, in Butzbach gestorben. Karoline von Günderrode reiste zu ihrem Großvater Christian Maximilian von Günderrode nach Butzbach, um ihm Trost zu spenden und Gesellschaft zu leisten. Von dort teilt sie ihrer Freundin Karoline von Barkhaus mit: *Mein Großvater, ein guter Greis von 70 Jahren, war durch den Tod meiner Großmutter und Großtante ganz verlassen; meine Mutter wollte ihn gern zu sich nach Hanau nehmen, aber er konnte sich nicht entschließen, das Haus und den Ort zu verlassen, [...] ich erbot mich, einige Zeit bei ihm zu bleiben; [...] Ich bin nun hier; auf wie lange, weiß ich nicht.*[49] Am 8. März 1800 holte Karoline von Günderrodes Mutter Louise sie wieder zurück. Butzbach liegt vierzig Kilometer von Hanau entfernt am Ostabfall des Taunus zur

Das ehemalige Günderrodsche Haus in der Butzbacher Färbergasse, um 1890 abgebrochen. Foto, etwa 1885

45

Wetterau. Der 773 erstmals erwähnte Marktflecken erhielt 1321 die Stadtrechte. Den viereckigen Markt umgeben Fachwerkhäuser aus dem 17. und 18. Jahrhundert, deren Reiz Goethe bei der Wahl des historischen Schauplatzes seines Versepos «Hermann und Dorothea» beeinflußt haben könnten, denn Butzbach lag auf seiner Route von Frankfurt nach Wetzlar.

Während ihrer Butzbacher Zeit litt Karoline von Günderode zum erstenmal unter der Verbindung von heftigen Kopfschmerzen mit Hustenanfällen. Dennoch führte sie, durch Johann Georg Diefenbach (1757–1831), Pfarrer im benachbarten Ostheim, angeregt, ihre mit Lisette Mettingh begonnenen Studien weiter. Dadurch entfremdete sie sich noch entschiedener von der von ihr erwarteten Rolle der guten Tochter, die sich um ihren Familienkreis und sonst nichts zu kümmern hatte. Denn Diefenbach führte die begeisterte Günderrode systematisch in die idealistische Philosophie ein und gab ihr dadurch Gelegenheit, sich durch die intensive Beschäftigung mit philosophischen Spekulationen über ihre gescheiterte Verbindung mit Savigny hinwegzutrösten. *Meine Zeit gedenke ich noch so ziemlich hinzubringen; von Hanau werde ich viele Bücher bekommen und zwar sehr ernstliche, die Zeit und Nachdenken erfordern. […] ganz zwanglos gerieth ich nach einigen gewöhnlichen Fragen und Antworten in ein Gespräch über die wichtigsten Gegenstände mit ihm [Pfarrer Diefenbach]; mit Wärme und Offenheit sprach er über Religion, Aufklärung, Vorurtheil und Völkerwohl.*[50] Unter Diefenbachs Anleitung befaßte sich Günderrode mit Kants Logik. Auch Gesprächsnotizen und Teile einer Predigt Diefenbachs finden sich unter den Aufzeichnungen in ihrem Studienbuch. Gleichzeitig arbeitete Günderrode an ihrer moralischen Vervollkommnung. Sie litt an ihrer unzulänglichen Fähigkeit zu Liebe, Nachsicht und Geduld. *Wie ich lebe? Oft unzufrieden mit mir selbst, von denen, die mich hier näher umgeben (zürnen Sie mir nicht deswegen) kann ich keines eigentlich lieben. Ich kann mir keine Liebe ohne Harmonie der Gesinnungen denken, diese ist hier unmöglich. Und oft, ich kann es einer Freundin wie Sie nicht leugnen, oft fühle ich Bitterkeit gegen diese Menschen, wenn ich sehe, daß sie so gar kein Gefühl haben für das, was mich interessirt. Wenn der erste Sturm der gereizten Empfindung vorüber ist, dann sehe ich wohl ein, wie unmöglich es der ganzen Lage der Sache nach ist, daß diese Menschen so denken und fühlen wie ich; es schmerzt mich tief, aber ich begehe das Unrecht von neuem; denn der Empfindung kann ich nicht gebieten. Ich sage mir tausendmal: es ist egoistisch, nur Menschen von gleicher Empfindung zu lieben, und doch bleibt es wie vorher. Ich resigniere auf Mitgefühl, nur lieben kann ich diese fremdartigen Geschöpfe nicht.* [51]

Karoline von Günderrodes Gedichtfragment
«Ephesos, dem Schlummer hingegeben»

Karoline von Günderrode entdeckte sich als kreativen Menschen, der die Gesetze seines Denkens und Fühlens aus sich selber hervorbringt. Sie nahm ihre Empfindungen ernst und war nicht bereit, sie kritiklos der herrschenden Moral zuliebe zu denunzieren. Vielmehr strebte sie nach vollkommener Authentizität, die sie sich als Einheit von Denken und

Wahrnehmung vorstellte. Darüber gibt sie sich in ihrem Gedicht *Tendenz des Künstlers* Rechenschaft.

Tendenz des Künstlers

Alle! Sie wollen unsterbliches thun,
  die sterblichen Menschen.
Leben wollen sie immer, im Nachruhm
  die Helden.
Leben im Himmel die Fromen, in guten
  Thaten die Guten
Bleibend will sein der Künstler im Reiche
  der Schönheit.
(SW I, S. 378)

Liebe und Schönheit

Von Schönheit ist das Leben ausgegangen,
Doch es vergißt den hohen Ursprung nicht;
Es strebt zu ihm und Lieb ist dies Verlangen
[...]
Denn Lieb ist Wunsch, Erinerung des
  Schönen;
Die Schönheit schauen will der Liebe
  Sehnen.
Drum kann die Liebe nimmer selbst sich
  gnügen,
[...].
(SW I, S. 377)

Karoline von Günderode setzte in diesem Gedicht, etwa aus dem Jahr 1799, den Anfang ihrer Fluchtbewegung in das Reich des schönen Geistes, nachdem ihre Liebe gescheitert war. In der Kunst wollte sie Leben und Schreiben vereinen, wie es das Gedicht *Liebe und Schönheit* (etwa 1800) beschreibt. Von Beginn an bezog Günderrode, wie es auch die Kunstphilosophie Schellings entwarf, die Einheit von Leben und Schreiben auf die erst jenseits der Grenze des Todes erreichbare Vollkommenheit, deren Ursprung sie vor den Zeitpunkt ihrer eigenen körperlichen Geburt legte, so daß sich ihr Leben zwischen der verlorenen und der wiederzugewinnenden Vollkommenheit erstreckte. Dadurch gewann sie eine Darstellungsebene für das allgemeinmenschliche Geschick, die das Schicksal der Frau auf die Ebene des Mannes hob, indem sie den Geschlechtsunterschied relativierte. Zugleich suchte Günderrode nach dem nicht mehr zu übertreffenden Gefühl der Gewißheit, den Gipfel der eigenen Möglichkeiten erreicht zu haben und ihr Leben abbrechen zu können, um jenseits des Todes an diese Intensität der Selbst- und Lebensgewißheit anzuknüpfen, wie es in *Hochroth* beschrieben wird.

Karoline von Günderrode ging ihr Thema nicht nur lyrisch an. Sie spürte ihrer ersehnten Einheit von Leben und Schreiben mit allem Vermögen nach, das ihr zu Gebote stand.

In ihr Studienbuch notierte Günderrode über die Bedeutung der Leidenschaft für die Ganzheit des Menschen: *Der lange Schlaf des Todes schließt unsere Narben, der kurze des Lebens unsere Wunden; [...] Keine Ruhe und Kälte ist etwas werth als die erworbne – der Mensch muß der Leidenschaft fähig und mächtig sein.*[52] Das bedeutet, der Mensch muß die Verbindung zwischen sich und seinen Gefühlen jederzeit aufrechterhalten können, um den Gefahren der Entfremdung von seinem Erleben,

Hochroth

Du innig Roth
Bis an den Tod
Soll meine Lieb dir gleichen
Soll nimmer bleichen,
Bis an den Tod
Du glühend Roth
Soll sie dir gleichen.
(SW I, S. 381)

ohne das es weder Liebe noch Kreativität gibt, von seinem Willen, seiner Wahrnehmung und seiner Vernunft zu begegnen. Das einzige Band zwischen dem Erleben und dem Ich ist die Liebe, die sich nirgendwo so sehr erfüllt wie im Traum. Bereits in ihren ersten Werken entwickelte Günderrode eine eigene Bildsprache, die ihrem Schaffen bis heute seine Gültigkeit verleiht. Denn die Dichterin bediente sich nicht der üblichen poetischen Versatzstücke, weshalb sie eine Brücke zwischen der Vorstellungswelt ihrer Leser und ihren Werken brauchte. Die Verbindungsfunktion übernahm die psychische Wirklichkeit, die Günderrode als Traum bezeichnete. Der Traum bedeutet in ihren Werken und Briefen die Erinnerung an den eigenen Ursprung und stellt so den Maßstab für die Echtheit von Gefühlen und Erkenntnissen dar, weil er die ersehnte Ewigkeit jetzt schon sinnlich erfahrbar macht. Im Gedicht *Liebe* gelang Günderrode der vollkommene Ausdruck dieser in sich verschlungenen Bewegung, die ihrer Meinung nach das Wesen der Liebe ausmachte.

O reiche Armut! Gebend, seliges Empfangen!
In Zagheit Mut! In Freiheit doch gefangen.
In Stummheit Sprache
schüchtern bei Tage,
siegend mit zaghaftem Bangen.
Lebendiger Tod, im Einen sel'ges Leben.
Schwelgend in Not, im Widerstand ergeben.

Genießend schmachten,
nie satt betrachten,
Leben im Traum und doppelt Leben. (SW I, S. 79)

Mit dem Traum verband Karoline von Günderrode meistens
mythische Räume, wie das Innere der Erde oder den Orkus, wo
die Handlung des Gedichtes *Banden der Liebe* spielt; die Liebende erzählt, wie sie ihrem verstorbenen Geliebten nachstarb:

Ja, ich kenne ein Land, wo Todte zu Lebenden reden,
[...]
Dort, in dem glücklichen Land, begegnet mir wieder
    der Theure,
Freuet, der Liebe, sich meiner Umarmung noch.
Und ich hauche die Kraft der Jugend dann in den Schatten,
Daß ein lebendig Roth wieder die Wange ihm färbt,
Daß die erstarrten Pulse vom warmen Hauche sich regen,
Und der Liebe Gefühl wieder den Busen ihm hebt.
Darum fraget nicht, Gespielen! Was ich so bebe?
Warum das rosigte Roth löscht ein ertödtendes Blaß?
Theil ich mein Leben doch mit unterirdischen Schatten,
Meiner Jugend Kraft schlürfen sie gierig mir aus.
(SW I, S. 68)

Karoline von Günderrode begann in Butzbach den Versuch,
durch Bildung und Selbstzucht ihre beharrliche Leidenschaft
zu Savigny zu bezähmen. Durch die Sublimierung ihres Ver-
langens wollte sie sich dauerhaft schützen vor ähnlichen
Attacken ihres Gefühlslebens, denen sie sich mit Haut und
Haar ausgeliefert sah. Doch führte sie die Wahl ihrer Ersatzlei-
denschaft in ein weiteres Dilemma, denn ebensowenig wie
ihre Liebe zu Savigny zu verwirklichen war, konnte eine
Frau zu dieser Zeit Philosophin oder philosophische Dichterin
sein. Deshalb geriet Karoline von Günderrode mit ihrem
Bemühen, sich durch Erkenntnis und Schreiben selbst zu
schützen, in eine gesellschaftliche Isolation, der sie im Familienkreis zu entkommen versuchte, indem sie ihre Lieblings-

Kopfstudien Karoline von Günderrodes
zur Physiognomik. Oben: «Jndier», unten:
«Cirkasserin»,rechts: «Russe»

schwester Charlotte vor ihrer Abfahrt aus Butzbach brieflich
auf die Veränderungen in ihrem Charakter und in ihrem Umgang vorbereitete. *Alles was ich weiß und gelernt habe, möchte ich
gerne Dir mitteilen. Trost, Liebe und Harmonie in Deiner Seele suchen. Ich bitte Dich, Lotte, bin ich wieder um Dich, so lerne meine Fehler liebend ertragen, laß es Dich nicht verdrießen, wenn ich Dir die*

Deinigen sage, denn Du weißt, daß ich gegen nichts unduldsamer bin als gegen die Fehler geliebter Personen; ich bitte Dich, tue alles Mögliche, damit unsere schöne Harmonie nie gestört werde. [53] Über die Ernsthaftigkeit ihrer Sehnsucht nach Unsterblichkeit geriet die alltägliche Wirklichkeit immer weiter aus dem Blick Karoline von Günderrodes. Ihre Briefpartnerinnen und Briefpartner dienten ihr oft als nahezu stumme Spiegel, auf deren willige Oberfläche die Günderrode die Konturen ihres in der Dichtung erwachenden Selbst mit traumwandlerischer Sicherheit einzuzeichnen begann. Allerdings konnte sie ihrem Temperament nach nicht anders mit Menschen Kontakt aufnehmen als durch Selbstmitteilung. Wie vor allem ihre Briefwechsel mit der Schwester Charlotte, Lisette Mettingh und Gunda Brentano zeigen, hatten Karoline von Günderrodes Briefpartnerinnen der Vehemenz der in ihr aufbrechenden und zum künstlerischen Ausdruck drängenden Gefühle nichts entgegenzusetzen. Die Dichterin war im Begriff, aus ihrer Rolle als Frau zu fallen und sich ihren Freundinnen und Schwestern zu entfremden, während diese entweder starben oder kurz davor waren, sich zu verheiraten. So taucht zum Beispiel im Briefwechsel der Günderrode mit Lisette Mettingh nicht eine einzige Andeutung Günderrodes auf ihre Liebe zu Savigny auf.

Die Brentanos

Unermüdlich suchte Karoline von Günderrode neue Kontakte. An der Monatswende vom Februar zum März 1801 lernte sie in Frankfurt die Schwestern Gunda (1780–1863) und Bettine Brentano (1785–1859) kennen. Es ist möglich, daß Savigny die Bekanntschaft vermittelt hatte, nachdem er durch seinen Marburger Studienkollegen Clemens Brentano (1778–1842) im Haus «Zum goldenen Kopf», wo die wohlhabende Kaufmannsfamilie Brentano ihre Hauptniederlassung hatte, eingeführt worden war. Clemens Brentano hatte Savigny mit seiner Lieblingsschwester Bettine verkuppeln wollen. Aber Savigny suchte sich Gunda aus und warb ab dem Frühjahr 1801 um ihre Zuneigung. Anfangs überzeugte Savigny die lebenslustige Gunda kaum. Sie fing noch im selben Jahr eine Affäre mit dem behandelnden Arzt ihrer Schwester Sophie, August Wilhelm Winkelmann, an. Im darauffolgenden Jahr hatte sie eine Lieb-

Das Haus der Brentanos «Zum goldenen Kopf» in der Großen Sandgasse in Frankfurt

schaft mit dem von Clemens Brentano ins Haus eingeführten Engländer Henry Robinson. Als Savigny sich nicht mehr zu helfen wußte, bat er die Günderrode, bei Gunda für ihn einzutreten. Karoline von Günderrode antwortete ihm, sie sei ihm böse, *weil Sie mich auffordern ein Mittler zwieschen Ihnen und dem Gundelchen zu werden. Wie boshaft! wie jronisch! wie abscheulich! Ich werde Ihnen noch sehr viel über mich schreiben und sprechen denn ich bedarf es, ich kann nur heute keinen ordentlichen Gedanken fassen, vermutlich einer höchst unglüklichen Leidenschaft wegen die mich zu nichts Ernsthaftem kommen läßt.*[54] Mit der *Leidenschaft* war Savigny selbst gemeint. Die sich anbahnende Freundschaft zwischen Karoline von Günderrode und Gunda Brentano stand also von vornherein im Zeichen der durch Savigny

Gunda Brentano (von Savigny),
Zeichnung von Ludwig Emil Grimm, 1809

betriebenen Ehe mit Gunda. Gleichzeitig fiel sie mit dem langen Siechtum Charlotte von Günderrodes zusammen, die Anfang des Jahres 1801 an der Auszehrung erkrankt war und von Karoline aufopfernd gepflegt wurde. Es ist merkwürdig, daß Günderrode Gunda Brentanos Gesellschaft der ihrer jüngeren Schwester Bettine vorzog. Gunda beantwortete Günderrodes Briefe nicht nur sehr nachlässig, wenn sie zurückschrieb, blieb die Klage Günderrodes über die langweiligen Inhalte nicht aus.

Außerdem fehlte es Gunda an der Wärme, mit der Bettine um Günderrodes Freundschaft warb. Clemens beschrieb seine Schwester Gunda in einem Brief an Savigny als empfindlich, kalt und gut.[55] Andererseits sicherte Gunda als Braut Savignys den Kontakt Günderrodes zu Savigny, von dem sich Günderrode zwar entfremdet, aber nicht gelöst hatte. Das Gefälle in der Gedankenführung und Wortgewalt zwischen den beiden Briefpartnerinnen legt den Gedanken nahe, daß Günderrodes an Gunda Brentano geschriebene Briefe eigentlich an Savigny gerichtet waren. Auf diese Weise unterrichtete sie Savigny von ihren Gedanken und Gefühlen. Denn Karoline von Günderrode führte kein Tagebuch, in dem sie sich selbst hätte vermitteln können, und war so um so mehr auf die Reaktionen ihrer Brief- und Gesprächspartner angewiesen, wenn sie sich in ihrem Suchen nach Unendlichkeit nicht vollständig verlieren wollte. Günderrodes Studienbuch verzeichnet keine persönlichen Reflexionen. Sie vermied schon deshalb autobiographische oder ihr gesellschaftliches Leben betreffende Aufzeichnungen, weil ihre Augenkrankheit sie behinderte und sie sich viele der Studiennotizen und Briefe ohnehin schon von fremder Hand schreiben lassen mußte. Deswegen mußte sie einen anderen Weg finden, ihr Bewußtsein selbst zu erforschen und ihre dadurch gewonnenen Erkenntnisse festzuhalten. Ihr brieflicher Dialog mit Gunda bot Günderrode diese Gelegenheit, sich in ihrer Sehnsucht nach dem Vortrefflichen nicht zu isolieren, sondern sich anderen zu vermitteln. Allerdings verstand Gunda Brentano wenig von Günderrodes Ausführungen. Obwohl dies Günderrode nicht verborgen blieb, beharrte sie auf dem Briefwechsel, weil sie unbedingt eine Antwort auf ihre Selbstanalysen brauchte. *Ich war Dir schon mehrmals (ich schmeichle es mir) treuer Spiegel, in dem Du Dich beschauen kontest; ia ich warf Dir das empfangne Bild mit groser Aufrichtigkeit zurük; niemals aber habe ich mich noch in Dir beschaut, sage wie komt das? [...] Oder vielmehr ich habe zuweilen gar keine Meinung von mir, so schwankend sind meine Selbstbeobachtungen. Überhaupt ist mirs ganz unbegreiflich daß wir kein anders Bewußtsein haben, als Wahrnehmung von Wirkungen, nirgends von Ursachen. Alles andere Wissen scheint mir (sobald ich dies bedenke) nicht wissenswürdig, solang ich des Wissens Ursache, mein Wissensvermögen, nicht kenne. Diese Unwissenheit ist mir der unerträglichste Mangel, der gröste Wiederspruch. Und ich meine wenn wir die Gränze eines zweiten Lebens wirklich betretten, so müßte es eine unsrer ersten innern Erscheinungen sein, daß sich unser Bewußtsein vergrösere und verdeutlichere; den es wäre unerträglich, diese Schranke in ein zweites Leben zu schleppen.*[56]

Es macht den Reiz und Stil von Günderrodes Briefen aus, daß sie für die Zeit ungewöhnlich nüchtern und direkt geschrieben sind, weswegen die Dichterin ihre Empfänger oft darum bat, die Briefe nach Lektüre zu vernichten. Wie in ihren Werken bemühte sich die Günderrode auch in ihren Briefen um unverfälschte Authentizität. Deswegen muß man ihre Briefe kennen, um ihre Werke zu verstehen – und umgekehrt. Die Briefe an Gunda Brentano lassen sich nur als Teil ihrer Suche nach Schreiben und Leben verstehen. Viele von ihnen schrieb die Dichterin am Krankenlager ihrer an Auszehrung erkrankten Schwester Charlotte: *Meine Schwester Lotte ist sehr übel, lange kann sie nicht mehr leben, und die wehnige Tage kann ich ihr noch durch mein Hiersein Vergnügen machen. Nie habe ich iemand gesehen der dem Tode so reif ist als sie; ihre Laufbahn ist auch ihren intellektuellen Kräften nach geendet; denn ihre Seele ist so geartet daß sie sich nie nach außen glüklich entwiklen wird, nie wird man ihren Blick aus ihrem Innern abziehen könen, und dieses Innere hat geblüth und seine Früchte (nur in, und für sich) getragen. Jezt kann in ihr nichts mehr wachsen, als der Tod, und die Vernichtung; glücklich daß der phisische Tod ihr zu Hülfe komt.*[57] Hinter dem klarsichtigen Realismus dieser sachlich formulierten Zeilen steht die konsequente Anwendung von Erkenntnissen auf das Siechtum ihrer Schwester Charlotte, die Karoline von Günderrode sich in ihr Studienbuch notiert hatte. Die Grundannahme für die Analyse von Charlottes Lebenssituation hatte Günderrode von Schiller übernommen, der ausgebildeter Militärarzt war. Sie besagt, daß jeder Mensch ein Ideal seiner selbst in sich trägt. Hat der Mensch dieses Ideal in seinem Leben verwirklicht, dann stirbt er. Karoline von Günderrode beobachtete Charlottes Krankheitsverlauf und versuchte, ihn aufgrund von Schillers Annahme widerspruchslos mit Charlottes seelischer Bestimmung zu verbinden. Es ist aufschlußreich, daß Günderrode in ihrem Brief an Gunda nicht auf Fichtes Annahme zurückgreift, daß das Streben nach Übereinstimmung von innerem und äußerem Leben im Menschen zwar angelegt sei, aber gerade im weltlichen Leben nicht erreicht werden könne. Das Studienbuch verzeichnet: *Bestimmung des Menschen. Nent man eine völlige Übereinstimung mit sich selbst Vollkomenheit, so ist diese Vollkomenheit das höchste unerreichbare Ziel des Menschen; Vervollkomnung aber ins unendliche ist seine Bestimmung.*[58] Für Fichte bedeutete diese Beobachtung den unwiderlegbaren Hinweis auf die Unendlichkeit des Ich, an der Karoline von Günderrode sehr gelegen war: *Ohne die Fortdauer der Erinnrung ist mir die Fortdauer meines Ichs keine: sobald ich mein jetziges Ich vergesse, so könnte ja jedes fremde statt meiner unsterblich sein.*[59] Getrieben von innerer Unruhe suchte Günderrode nach dem Erlebnis ihres Ich und berichtete Gunda Brentano von Charlottes Krankenlager aus über die Entfremdungszustände, auf die sie bei ihren Selbstbeobachtungen stieß: *Ich fühlte mich so beschränkt in äußern so verstimmt im Innern. Ich habe so gar keine Zeit für mich, kann nicht sagen iezt will ich das thun, dann das; ich muß all meine Augenblicke erlauschen sie erwuchren; und wenn sie*

17. Mai 1786   Tod des Vaters Hektor von Günderrode

30. März 1794   Tod der Schwester Louise von Günderrode

Ende 1799   Tod der Großmutter Louise von Günderrode

29. Oktober 1801   Tod der Schwester Charlotte von Günderrode

6. April 1802   Tod der Schwester Amalie von Günderrode

dann da sind so habe ich keinen Genus von ihnen; es freut mich nichts, es schmerzt mich nichts bestimt, ich bin in dem elendsten Zustand, dem des Nichtsfühlens, des dumpfen kalten Dahinschleppens. In diesem Zustand hasse ich mich selbst. Es gehört zu dem Leben meiner Seele daß mich irgend eine Idee begeistre; es ist auch oft der Fall; doch muß es immer etwas neues sein, denn ich trinke so unmäßig an dem Nektarbecher bis ich ihn in mich geschlürft habe; und wenn er denn leer ist, das ist unerträglich. [...] Es ist wunderbar daß alle geistige Genüsse fast durch Mittheilung vermehrt werden; da bei Materiellen doch das Gegentheil statt findet. Geben und reicher werden durch geben! es ist höchst wunderbar, ia ich meine es enthält eine Wiederlegung gegen den Materialismus.[60] Mit dem letzten Satz wandte sich Günderrode gegen das bürgerliche Nützlichkeitsdenken. Charlotte und sie lasen sich aus Clemens Brentanos Roman «Godwi» vor. Mit ihrer Attacke gegen den bürgerlichen Rationalismus im Denken und Empfinden suchte Günderrode Anschluß an die Kreise der sogenannten Frühromantik. Sie verehrte Novalis, die Schlegels und Clemens Brentano, dessen rebellische Auflehnung gegen den aufkeimenden Kapitalismus der Bürgerkreise ihr sympathisch war. Aber gerade Brentano lebte von dem Reichtum, den seine Vorfahren erworben hatten und den seine Brüder mehrten. Wenn die Günderrode ihre Werbung um geistigen Austausch an Clemens' Schwester Gunda Brentano schrieb, dann zeigt sich darin auch ihr Sinn für Humor. Denn natürlich entging es ihr nicht, daß Gunda an ihrem äußeren Erscheinungsbild weit mehr interessiert war als an der Vermehrung geistigen Gutes durch die Gemeinschaft mit ihr: *Du bist nur ein Schauspiel; man muß Gefallen an Dir finden mehr sollte man nicht, denn Du bist wahrlich ein schönes manigfaches Spiel zum schauen geeignet, wer Dich anders nimt versteht Dich nicht, wer Dich anders will, schadet dem Vergnügen daß er in Deiner Anschauung genießen könnte. Es ist gewis so, ich werde mich Dir gegenüber auch immer mehr ans Betrachten gewöhnen.*[61] Karoline von Günderrode erkannte an Gunda Brentano die Bestimmung der Frau in einer von Männern dominierten, allein am Erwerb materieller Güter orientierten Gesellschaft. Sie stellte lediglich ein ästhetisches Objekt dar. Vergeblich suchte sie hinter Gundas Oberflächlichkeit ihr persönliches Wesen, das sie erkennen und dem sie sich mitteilen konnte. Ein Gegenüber dieser Art entleert auf Dauer seinen Betrachter. *Ich kann mein Urtheil über Dich nicht zurük nehmen. [...] Es ist ein häßlicher Fehler von mir daß ich so leicht in einen Zustand des Nichtempfindens verfallen kann, und ich freue mich über iede Sache die mich aus demselben reist.*[62] Den Zustand der inneren Leere bzw. der Wirkungslosigkeit des Inneren nach außen hin, den Günderrode an Gunda Brentano diagnostizierte, sah sie auch bei sich. Nur Wirkung nach außen konnte Günderrode aus der Entfremdung retten; und dieser Zwang, nach außen zu handeln, stellte sie mitten in den Rollenkonflikt der Geschlechter. *Schon oft hatte ich den unweiblichen Wunsch mich in ein wildes Schlachtengetümmel zu werfen, zu sterben. Warum ward ich kein Mann! Ich habe keinen Sinn für weibliche Tugenden, für Weiberglükseligkeit. Nur das Wilde, Grose, Glänzende gefällt mir. Es ist ein unseliges aber unverbesserliches Misverhältniß in meiner Seele; und es wird und muß so bleiben, denn ich bin ein Weib, und habe Begierden wie ein Mann, ohne Männerkraft. Darum bin ich so wechselnd, und so uneins mit mir. Gunda Du wirst über diesen Brief lachen; er komt mir selbst so unzusammenhängend und verwirrt vor.*[63] Karoline von Günderrodes Verwirrung zeigt, wie schwer sie die Unvereinbarkeit ihrer der Männerwelt vorbehaltenen Interessen mit ihrer gesellschaftlichen Rolle der mittellosen Adeligen im längst schon heiratsfähigen Alter belastete. Eine Stelle aus Bettine von Arnims Briefroman «Die Günderode» verdeutlicht die existentielle Not, in die die Dichterin durch diesen Konflikt zwischen natürlicher Neigung und sozialer Pflicht gezwungen worden war: «Wenn ich nicht heldenmütig sein kann, und immer krank bin an Zagen und Zaudern, so will ich zum Wenigsten meine Seele ganz mit jenem Heroismus erfüllen und meinen Geist mit jener Lebenskraft nähren die jetzt mir so schmerzhaft oft mangelt, und wo her sich alles melancholische doch wohl in mir erzeugt.»[64] Tatsächlich bleibt es Günderrodes Verdienst, sich die neuen Mythen aus dem Orient und aus dem germanischen Sagenkreis nicht kritiklos angeeignet zu haben. Vielmehr suchte die Dichterin in den Geschichten

nach starken Frauenfiguren, die sie dann in heldenhafte Frau-
engestalten umschuf, die in ihrer bedenkenlosen Selbstbehauptung auch vor Mord nicht zurückschreckten. Beispiele
hierfür sind ihre Dramen *Hildgund* und *Nikator* und ihre Vers-
erzählung *Scandinavische Weissagungen*. Gleichzeitig trieben
die Sehnsüchte nach intensiven Gefühlen die Günderrode immer weiter aus ihrer Alltagswelt heraus und in ihre fiktive
Welt hinein; denn die Dichterin unterschied in ihrem Erleben
von Gefühlen nicht zwischen sogenannten wirklichen, die im
Alltag ihren Sitz haben, und solchen, die nur in die Welt der
Kunst gehören. *Gunda ich bin ungeduldig übler Laune, kurz ganz
häßlich und verunstaltet. Ich muß fast den ganzen Tag am Kranken-
bette sitzen, und bei einem Kranken dessen Geisteskräfte so abge-
spannt sind daß man keine einzige erfreuliche Äusserung derselben
gewahr wird. [...] Vor einiger Zeit gelang es mir mich in eine schöne
erhabne Phantasie Welt zu schwingen, in Ossians halbdunkle Zau-
berwelt; aber die seligen Träume zerfließen; sie kommen mir vor wie
Liebestränke, sie betäuben exaltieren und verrauchen dann, das ist
das Elend und die Erbärmlichkeit aller unserer Gefühle; mit den Gedanken ists nicht besser, man überdenkt auch leicht eine Sache bis zur
Schalheit. – Ein pigmäisches Zeitalter, ein pigmäisches Geschlecht
spielt ietzt, recht gut nach seiner Art.* [65]

In diesem Brief stellt die Günderrode den Gesängen Ossians
ihr Unbehagen an der Lauheit der Deutschen gegenüber, die
sich den Idealen der Französischen Revolution so lange verschlossen hatten, bis sie sich, von Napoleons Truppen über-
rannt, nur noch zwischen dem Usurpator oder der Treue
gegenüber den zahl-
losen Duodezfürsten
entscheiden konnten.
Der Umstand, daß die
gewaltigen politisch-
en und militärischen

«Sie haben ja ordentlich republikanische
Gesinnungen. Ist das vielleicht ein kleiner
Rest von der französischen Revolution?»
Savigny zu Günderrodes Beschäftigung mit
der Französischen Revolution und Fichtes
und Schellings idealistischer Philosophie.

Umwälzungen im gesamten Briefwechsel Günderrodes nur
mittelbar erwähnt werden, bezeugt die lähmende Enttäuschung Günderrodes über die Untätigkeit ihrer Zeitgenossen,
die sie als zwergwüchsiges Geschlecht verspottete und vor de-

ren Beschränktheit fast die gesamte intellektuelle und künstlerische Elite in die Heldengesänge Ossians floh. Dabei ist es ebenso komisch wie bezeichnend, daß man diese Heldengesänge einem keltischen Barden aus einer vermeintlich besseren Zeit zuschrieb, in die man seine besten Gefühle projizierte. Doch dann stellten sich Ossians Gesänge aus heldenhaften Zeiten als zeitgenössische Dichtungen des Schotten James Macpherson heraus. In seinem politisch unverfänglichen Elan war der begeisterungsfähigste Teil der jungen kulturellen Elite Deutschlands einer Fälschung aufgesessen. Karoline von Günderrodes Hauptaugenmerk in ihrer Aneignung der Heldendichtung lag auf dem Umstand, daß der Gesang dem besungenen Helden Unsterblichkeit verlieh. Besungen wurde aber nur, wer würdig gestorben war. In ihrer durch die Ossian-Lektüre inspirierten Dichtung *Mora* ist der Held eine Frau, die sich in Männerkleidung für ihren Geliebten opfert und durch ihren Helden- und Liebestod sein Leben rettet.

Am 29. Oktober 1801 starb Charlotte von Günderrode. Ihr Tod hinterließ eine große Lücke im Leben ihrer Schwester Karoline. Sie schrieb an Gunda: *Mein Leben ist so leer, ich habe so viel Langweilige und unausgefüllte Stunden. Gunda, ist es nur die Liebe die in diese dumpfe Leerheit Leben und Empfindung giest?* [66]

Inzwischen war auch die Schwester Amalie an der Auszehrung erkrankt. Auch diesmal pflegte Karoline von Günderrode ihre todgeweihte Schwester. Anders als Charlottes Krankheit findet Amalies Siechtum in Karolines Briefen kaum Erwähnung. Vielleicht hatte die Günderrode an ihrer aufkeimenden Freundschaft zu Clemens Brentano genug innere Beschäftigung. Die beiden wechselten Briefe. Wahrscheinlich hatten sie sich im Sommer 1801 in Frankfurt oder Hanau in einem größeren gesellschaftlichen Rahmen kennengelernt, denn Clemens kannte auch Karolines Schwester Wilhelmine und schrieb seiner Schwester Gunda von seiner Vorliebe für sie. Wilhelmine versprach sich jedoch im Lauf des Jahres 1802 dem Baron Karl du Bos du Thil. Karoline von Günderrode ließ Clemens durch Gunda brieflich Anfang Juli 1801 grüßen: «Fräulein von Günteroth empfiehlt sich Dir, ich habe sie recht lieb.» [67]

Clemens Brentano befand sich in dieser Zeit in einer heftigen emotionalen Krise. Er hatte sich 1798 als Student in Jena leidenschaftlich in die acht Jahre ältere, unglücklich mit dem Juraprofessor Friedrich Ernst Mereau (1765–1825) verheiratete Sophie Mereau (1770–1806) verliebt, die seine Gefühle zunächst erwiderte. Aber Clemens' unstetes und eifersüchtiges Temperament zwang sie, sich vor ihm zu schützen, so daß sie ihm schließlich 1800 bis auf weiteres untersagte, sie jemals wieder persönlich aufzusuchen. Clemens Brentanos Bruder Christian und seine Schwester Gunda traten für ihn bei seiner Geliebten Sophie ein und erreichten, daß Clemens durch Gundas Hand Briefe an Sophie senden durfte. Nachdem Sophie Mereau 1801 geschieden worden war und sich eine Existenz als Schriftstellerin aufgebaut hatte, willigte sie 1803 in ein Wiedersehen mit Clemens ein. Clemens verehrte in Sophie von Anfang an das Bild seiner Mutter Maximiliane, Tochter der Sophie von LaRoche. Wie Maximiliane war Sophie Mereau eine kleine, zierliche und äußerst anziehende Erscheinung, die Temperament und Klugheit in sich vereinigte.

Clemens ertrug die Trennung von Sophie Mereau sehr schlecht. Unablässig suchte er in Frauen und Bildern nach ihrer Gegenwart. Aus Düsseldorf berichtete er an Sophie: «[...] saß ich einsam auf der Gallerie, wo ich vergebens ein Bild suchte, das Sie aussprach, ich fand nur Savigny in Rafaels Johannes, meine Mutter und Mienchen von Günterode in Guido Renis und Dolcis Madonnen.» [68] Außerdem suchte Clemens die Nähe von Frauen überhaupt, bei denen er auf mehr Mitgefühl traf als bei Männern, die für sein Künstlertum und seine Weigerung, einen Beruf zu ergreifen, wenig Verständnis aufbrachten. Seine Begegnung mit der Günderrode fiel so in die für ihn sehr belastende Zeit einer ihm von Sophie Mereau auferlegten Trennung, während der er, wie Sophie gefordert hatte, seinen sie immer wieder mit Eifersucht und bösen Launen quälenden Dämon bezwingen sollte.

Am 4. April 1802 trafen sich Karoline von Günderrode, Bettine, Gunda und Clemens Brentano in Frankfurt, um Bettines Geburtstag zu feiern. Clemens hatte Fritz von Leonhardi mitgebracht und verliebte sich vermutlich während dieser Feier in die Günderrode. Einige Stellen aus seinen sich an ihre Begegnung auf der Geburtstagsfeier anschließenden Briefen verdeutlichen seine Berauschtheit. Karoline von Günderrode bemühte sich, ihm bei der Ordnung seiner verwirrenden Gefühle zu helfen. Sie reagierte deshalb distanziert, ohne Brentano von sich zu weisen. Darin ähnelte ihr Verhalten dem der zehn Jahre älteren Mereau. Am 19. Mai 1802 antwortete Günderrode Clemens Brentano auf seine leidenschaftliche Werbung: *Es war mir ganz wunderlich zu Muth als ich Ihren Brief gelesen hatte; doch war ich mehr denkend als empfindend dabei: denn es war mir und ist mir noch so, als ob dieser Brief gar nicht für mich geschrieben sei. So bestehle ich mich selbst.* [69] Günderrode verstand, daß in Clemens Brentanos Brief Spiel und Ernst unauflöslich verbunden waren. Er meinte sie und sich, ohne zwischen beidem zu unterscheiden. Deshalb riskierte Karoline von Günderrode, ihre Liebe an ihn zu verlieren. Es mußte ihr gelingen, Clemens Brentano über sich selber aufzuklären und ihm zu zeigen, daß sie ihn erkannt hatte: *Ja ich verstehe den Augenblick, in dem Sie mir geschrieben ha-*

ben; ich bin überhaupt nie weiter gekommen als Ihre Augenblicke ein wenig zu verstehen. Von ihrem Zusammenhang und Grundton weiß ich gar nichts. Es kömt mir oft vor als hätten Sie viele Seelen, wenn ich nun anfange, einer dieser Seelen gut zu sein, so geht sie fort und eine andere tritt an ihre Stelle, die ich nicht kenne, und die ich nur überrascht anstarre. Aber ich mag nicht einmal an alle ihre Seelen denken, denn eine davon hat mein Zutrauen, das nur ein furchtsames Kind ist, auf die Straße gestoßen; das Kind ist nun noch viel blöder geworden und wird nicht wieder umkehren. Darum kann ich ihnen auch nicht eigentlich von mir schreiben.[70] Offensichtlich hatte Günderrode Clemens Brentano ihr Vertrauen entgegengebracht. Er hatte jedoch ihre Offenheit mißverstanden und Rechte auf Günderrodes Person und Weiblichkeit erhoben. Als sich die Günderrode seinen Ansprüchen entzog, begann Clemens Brentano sie vor den Kopf zu stoßen und zu beleidigen, obwohl er sie ehrlich zu lieben versuchte. Dieses widersprüchliche Verhalten kannte Günderrode von sich selbst. Besonders in ihrem Briefwechsel und ihrer Freundschaft zu Gunda Brentano hatte sie vergeblich versucht, ihren Gefühlen Beständigkeit und Wärme zu geben. Clemens Brentano wußte, daß Karoline von Günderrode hinter ihrer Kühle ihre Sehnsucht nach dem leidenschaftlichen Augenblick höchster Authentizität verbarg, weil er diesen wunden Punkt mit ihr teilte. Deshalb versetzte er sich in die Rolle des Lehrers und Karoline von Günderrode in die Position des arglosen Kindes, um sich der Frau, die er durch seine herrische Ungeduld verstört hatte, wieder anzunähern: «Aufrichtig, liebes Kind, Du hast bis jetzt alles und nichts von mir verstanden, alles, wenn Du mir vertraust, nichts, wenn Du etwas von mir erwartest.»[71] Clemens Brentano war wie Günderrode an das Erlebnis des Augenblicks gebunden und litt darunter, daß diese Leidenschaftlichkeit sein Leben in Momente der Erfüllung und Momente der Leere zerlegte, die durch nichts miteinander verbunden waren. Daher versuchte er, die von ihm in Karoline von Günderrode gespürte Sinnlichkeit zu wecken. Seine Meditation über die Vergänglichkeit des Augenblicks traf ihren empfindlichen Punkt und sollte sie dazu bringen, mit ihm ihre unterdrückten Wünsche zu verwirklichen. «Gibt es mehr als einzelne Momente? Verstehst Du einen Moment, so verstehst Du alles, denn alle Momente gehen nach denselben Gesetzen vor. Ich will Dir sagen, liebes Weib, Du hast etwas einen Narren an der Erbsünde gefressen.»[72] Schlau würzte Clemens Brentano seine Lockspeise mit Ressentiments gegen die bürgerliche Tugendlehre und warf Karoline von Günderrode ihre erkaltete Liebesfähigkeit vor. Doch ihr bangte nicht so sehr vor der Sündhaftigkeit des Erotischen, für die ihr Gewissen auch gar nicht empfänglich war. Sie scheute zurück, weil sie mit dem Moment der erotischen Hingabe den Besitz des geliebten Wesens bis über den Tod hinaus verband. Bei Clemens Brentano mußte sie befürchten, daß seine Liebe mit der erotischen Hingabe erfüllt sein würde, um vielleicht irgendwann wieder aufzuflackern oder ganz zu erkalten. Karoline von Günderrode wollte in der Liebe wie im Schreiben das Zerfallen des zwischenmenschlichen, erotischen Verstehens in miteinander nicht verbundene rauschhafte Augenblicke verhindern. Die dafür notwendige Beständigkeit in Brentanos Gefühlsleben konnte sie aufgrund ihrer an sich selbst gemachten Beobachtungen nicht annehmen.

Aber selbst wenn die Günderrode eingewilligt hätte, in der erotischen Vereinigung nicht Clemens Brentanos Person, sondern die Unsterblichkeit des einen Moments der vollkommenen Verschmelzung zu wollen, konnte sie nicht annehmen, daß die geistige Einigung mit ihm möglich gewesen wäre, weil er ihr gezeigt

> «Zug in den Venusberg – Eckhardt – Savigny warnt mich – Ich sitze vor dem Venusberg und sehe die Bruderliebende [Bettine] und die Günderode eingehen.»
> Clemens Brentano über Karoline von Günderrodes Sinnlichkeit

hatte, daß er ihre Worte offensichtlich nicht im gemeinten Sinn verstand. Karoline von Günderrode sah daher von intimeren Kontakten zu Clemens ab und schrieb ihm Ende Mai 1802: *Ich weiß nicht, ob ich so reden würde, wie Sie meinen Brief in dem Ihrigen reden lassen: aber es kommt mir sonderbar vor daß ich mir zuhöre wie ich spreche und meine eignen Worte kommen mir fast fremder vor als fremde. Auch die wahrsten Briefe sind meiner Ansicht nach nur Leichen, sie bezeichnen ein ihnen einwohnend gewesenes Leben und ob sie gleich dem Lebendigen ähnlich sehen, so ist doch der Moment ihres Lebens schon dahin: deswegen kömt es mir aber vor (wenn ich lese, was ich vor einiger Zeit geschrieben habe) als sähe ich mich im Sarg liegen und meine beiden Ichs starren sich ganz verwundert an. [...] wenn ich Sie daher in einem Moment verstehe, so kann ich von diesem nicht auf alle übrigen schließen. Es mag wohl sehr wenige geben die dies können [...]. Jetzt denke ich von Ihnen, es sei gut Sie zu betrachten und erfreulich; aber man solle Sie nur betrachten wollen. Ist diese Ansicht wahr oder falsch?* [73] Das schien ein faires Angebot zu sein. Aber Clemens Brentano hatte sich in seine Phantasien von einem Beischlaf kosmischen Ausmaßes mit Karoline von Günderrode verrannt. Im Sommer 1802 schrieb er ihr, «die Mondnacht und der Frühling haben sich nicht gescheut, vor meinen Augen das süße heilige Liebeswerk zu vollbringen und damit das Bewußtsein solcher Wollust nicht verloren gehe, haben sie das Seufzen ihrer Liebe an meinem Busen gebrochen [...]. O ich bin ein arabisches Roß, warum nicht, wenn ich Dich hier hätte und Du solche Hochzeiten feiern sähest neben mir, so sollte Mondnacht und Frühling uns das Echo sein, das ich ihnen war. [...] Ich weiß so unendlich viel, daß es mir das Herz zersprengt, es zu sagen, aber sprechen ist ein langsames Totmartern und lägst Du nur eine Nacht in meinen Armen, so solltest Du Dir meine Liebe an Deinen warmen Brüsten ausbrühen, und du wüßtest alles, was ich weiß, und brauchtest nicht mehr zu erschrecken, über alles, was ich sagen darf, weil ich will.» [74] Tatsächlich ließ Clemens Brentano keinen Zweifel daran, daß nur ihm die Kraft zu Gebote stehe, dem ängstlichen Mädchen, das er in der Günderrode sah, den Beischlaf zu ermöglichen: «[...] und habe den Mut, nur darum zu weinen, daß Du nicht bei mir bist im Fleische, sondern nur in Gedanken, denn beide sind eins und nur im Abendmahl genießen wir den Gott, denn alles Wort muß Fleisch werden, auch dies Wort der Liebe.» [75] Diesen Ergüssen stellte Brentano ein Postskriptum nach, das diesen überschwenglichen Brief erst erwähnenswert macht. «Was macht der Brief für eine Wirkung auf Dich, liebes Günderrödchen, ich fürchte immer, Du stellst Dich klüger oder dümmer an, als Du bist, sei doch kein Kind, mein Kind, und verstehe zu leben, das heißt, bekümmere Dich nur um Gott.» [76]

Brentano redete die Günderrode ganz nach der Gewohnheit Savignys in der neutralen Verniedlichungsform an. Es machte Clemens nervös, daß sie nicht die Frau war, der erst das Bedürfnis nach einem Mann eingeflößt werden mußte. Der Brief diente dem abgewiesenen Liebhaber Clemens Brentano dazu, Karoline von Günderrodes Sinnlichkeit zu exaltieren und dadurch die Frau in ihr zu demütigen. Wie vor ihr schon Sophie Mereau sah Günderrode sich von Brentano dazu gezwungen, die Beziehung abzubrechen. Erst als Clemens Brentano und Sophie Mereau im November 1803 geheiratet hatten und sie ihm im Mai 1804 einen Sohn gebar, nahm er voller Stolz und von schriftstellerischen Ideen erfüllt den Kontakt zu Günderrode wieder auf und ahnte doch nicht, daß sie seine Kollegin geworden war.

Zwei Tage nach der sich auf Bettine Brentanos Geburtstagsfeier in Frankfurt anbahnenden Liebesgeschichte zwischen Clemens Brentano und Karoline von Günderrode starb ihre Schwester Amalie in Hanau. Günderrode reagierte nur mittelbar auf den Verlust ihrer dritten Schwester, indem sie, statt über den Tod ihrer Schwester zu trauern, ihre Forderung nach unbedingter Authentizität nun noch kompromißloser auf die Einheit von Natur und Kunst in ihrem Schaffen ausdehnte. Auf diese Weise wollte Günderrode dem Gefühlsverlust, den sie trotz Clemens Brentanos Liebe zu ihr weiterhin empfand, entgegenwirken. Schon im November 1801 hatte Günderrode an Gunda Brentano über ihre innere Leere geschrieben: *Es ist hier eine Lükke in meiner Seele; umsonst suche ich sie zu erfüllen, umsonst sie weg zu raisonniren die Kunst kann nur durch die Natur, mit der Natur wuchern, ohne sie kann sie nichts. Ich empfand früh, ich fürchte früh hab ich mein Empfindungsvermögen aufgezehrt; nur der Maasstab des Vohrigen blieb mir, und das Ideal, ich stehe zwieschen beiden, und kann keines erlangen. Und selbst iezt, da ich Dir diesen Zustand beschreibe, fühle ich ihn minder als ich ihn einsehe.*[77] Nach Amalies Tod und während ihres Briefwechsels mit Clemens Brentano forderte Karoline von Günderrode ihre Sehnsucht nach der reinen Einheit von innerer Empfindung und äußerem Ausdruck in ihrer Beziehung zu Gunda Brentano so kompromißlos ein, daß sie den Bruch der fruchtlosen Freundschaft riskierte. Im Juni 1802 schrieb sie an Gunda: *Du zwingst mich über mein Verhältniß zu Dir, über meine Gefühle für Dich nachzudenken, nun höre was ich mir selber sagen muß. [...] und je mehr Ansprüche Du auf mich machst, je lebhafter fühle ich wie Du anders sein solltest, denn ich habe für manche Fehler gar keine Geduld am wehnigsten an Menschen die ich lieben mögte, und ich mögte Dich lieben ob ich gleich sonst nicht die Person sondern nur die Vortreflichkeit liebe; es thut mir imer leid wenn mir jemand meine Liebe raubt, wie Du mir oft meine Empfindung für Dich raubst und meine Glauben an Deine Zukunft. [...] ich muß immer das Bessere mehr lieben als Dich.*[78] Diese Ansicht über Liebe und Freundschaft variiert die Günderrode in drei Aphorismen desselben Jahres. Sie finden sich im Studienbuch und belegen, bis zu welchem Grad der Übereinstimmung von Leben und Denken Günderrode bereits gelangt war. *Dein Klagen daß du nicht liebtest ist eine Sehnsucht nach Liebe, diese Sehnsucht, ist ein Gedanke (der, weil er keinen Gegenstand hat auf dem er ruhe) ins unendliche starrt.* (SW I, S. 436) Mit dem Unendlichen meinte Günderrode eben das Bessere, von dem sie Gunda Brentano schrieb, daß sie es ihrer Freundschaft vorziehen müßte. Ein weiterer Aphorismus spricht dies deutlich aus: *Die Vortreflichkeit ist ein Ganzes wir haben sie nicht, sie ist gleichsam wie die Bläue des Himels über uns, u unsere Vortreflichkeit, ist nur ein Streben zu ihr, eine Ansicht von ihr; drum ist keine Persöhnliche Liebe, nur Liebe zum Vortreflichen.* (SW I, S. 436) Günderrode betonte, daß sie nicht leichtfertig zu ihrer Überzeugung gekommen war: *Jch habe alles erfahren was ich ihnen sage, ich hatte ihren zustand, aber in höherm Grade. Jch habe mich durch den Aberglauben u den Zweifel durchgearbeitet, u bin zum Glaube zurükgekehrt, auch sie müssen glauben, denn alles ist ia Glaube, auch die neueste u würdigste Philosofie kehrt zum Glaube.* (SW I, S. 437) Auf diesen Glauben baute Karoline von Günderrode ihre Auffassung vom Künstler auf und grenzte sie scharf vom Nützlichkeitsdenken ihrer Zeitgenossen ab: *Die Leute sagen ich sei unnüz weil ich kein Geschäft treibe, u ich arbeite doch durch den Einflus den ich auf manches Gemüth habe, für das Ewige.* (SW I, S. 437) Sie sah den aufbrechenden Abgrund zwischen der Welt und dem einzelnen. Sie erkannte, daß sich der

Mensch zwischen der Welt und dem *Höheren* entscheiden mußte, denn *wer es einmal betretten der ist der Welt ohne Rettung verlohren.* (SW I, S. 437) Und sie verlangte die Arbeit des Künstlers für das Wohl der Menschen. Aber sie forderte ebenso bedingungslose Treue zu seiner Aufgabe und schreckte vor den Konsequenzen ihrer Haltung gegenüber ihren Mitmenschen nicht zurück: *Gehen sie nicht viel mit gemeinen Menschen um, den das heist die Vortreflichkeit mit Füssen tretten.* (SW I, S. 438) Gemeine Menschen waren solche, die sich nicht mit der Idee gleich gestalten wollten, deren Träger sie waren. Denn wenn die menschliche Vernunft sich die Welt und das Ideengut selber im Bewußtsein schafft, dann kann ein vortrefflicher Mensch nur der sein, der wirklich seine Ideen ist. Gunda Brentano hatte keine Ideen. Dabei speiste sich Günderrodes Weltanschauung aber nicht aus dem Ressentiment der auf Erden zu kurz Gekommenen. An Gunda Brentano schrieb sie: *Deine Behauptung daß alles in der Welt Dreck sei, ist mir ganz fatal, so lange ich noch Athem habe werde ich mit Dir darüber disputiren.*[79] Während Karoline von Günderrode ihr theoretisches Fundament festigte, tändelte Gunda Brentano mit ihren Liebschaften herum. Savigny hatte die Günderrode um Beistand bei seiner Brautwerbung gebeten. Ziemlich verstimmt hatte sie ihm ihre Hilfe nicht versagt und Gunda Brentano die Augen über Savignys Vorzüge geöffnet. Gunda solle ihm endlich ihr Jawort geben, denn *er ist besser als alle, und es ist unmöglich ihn aufzugeben wenn man ihm einmal vertraut hat wie man ihm sollte. Besonders kann ich's nicht leiden, wenn Du ihn wie Du Dich ausdrückst aus Sorge um Deine Ruhe und Dein Seelenheil nicht mehr lieben willst, so soll man nicht überlegen, ein solches Sistem von politischer Ökonomie soll man nicht in seine Empfindungen mischen.*[80] In diesem Brief tadelte Günderrode Gunda Brentano, weil sie sich Savignys Liebe sicher sein konnte. Gunda brauchte keine Angst haben, daß Savigny sie ihr rauben würde.

Dieser Brief an Gunda Brentano ist vom 15. Mai 1803 datiert. Die Günderrode hatte ihn von Gießen aus geschrieben. Dorthin hatte sie sich mit ihrer Schwester Wihelmine zu ihrer Tante Charlotte von Nordeck geflüchtet. Wegen ihrer zerrütteten finanziellen Verhältnisse hatte die Mutter Louise von Günderrode angefangen, den Erbteil ihrer Töchter anzugreifen, und ihre Töchter damit der Gefahr der Verarmung ausgesetzt. Außerdem fraßen die Schulden der Mutter die Mitgift der beiden Töchter auf und verminderten dadurch deren Heiratschancen, weswegen sich Karoline und Wilhelmine von Günderrode entschlossen hatten, ihre Ansprüche auf ihr Erbe gerichtlich gegen die Mutter durchzusetzen. Savigny und Wilhelmines späterer Ehemann Karl du Bos du Thil unterstützten Karoline und Wilhelmine in ihrem Rechtsstreit, dessen glücklicher Ausgang mangels gegenteiliger Äußerungen in späteren Briefen vermutet werden kann. Der Rechtsstreit mit ihrer Mutter, die Todesfälle in ihrer Familie, die leidenschaftlichen Launen Clemens Brentanos, die verlorene Liebe Savignys und der Umstand, daß er ihr Gunda Brentano als geeignetere Professorengattin vorzog, schlugen auf Günderrodes Liebesauffassung zurück: *Die wahre ächte Liebe ist meist eine unglückliche Erscheinung, man quält sich selbst und wird von der Welt mißhandelt.* (SW I, S. 437) Günderrode wußte, daß sie dem für sie gefährlichen Flirt, der in den engen gesellschaftlichen Kreisen der Salons und Teegesellschaften, Bälle und Gesellschaftsabende üblichen Erscheinungsform der Liebe, nicht ausweichen konnte, und ersann sich ein Verhaltensmuster, das sie bei Savigny abgeschaut hatte: *Die Koketterie war mir immer interessant; sie ist zugleich das geistreichste Spiel u die größte Übung für den Geist; man gehört sich dadurch an ohne sich selbst zu verlieren.* (SW I, S. 438) Auf diese Weise dachte sie, sich gesellschaftliches Ansehen verschaffen und zugleich ihr Herz vor den Verletzungen der geraubten Liebe schützen zu können. Aber sie zahlte den hohen Preis, von niemandem als die erkannt und gekannt zu sein, als die sie sich selbst erforschte. Die gesellschaftliche Maske war nicht mit Günderrodes Ideal der Authentizität im Dichten und Leben zu vereinen.

Wie wenig Karoline von Günderrode zur Verstellung fähig und willens war, zeigt die bündig dargestellte Gesellschaftskritik in ihrer *Geschichte eines Braminen*. Bettine und Clemens Brentano teilten ihre Abneigung gegen das bürgerliche Prinzip, sich durch Fleiß und Sparsamkeit gegen die Gefahren des Lebens abzusichern, und waren deshalb in ihrer eigenen Familie in eine Randposition geraten. Ihren einzigen und einflußreichsten Fürsprecher fanden sie in ihrer Großmutter mütterlicherseits, bei der sie einige Jahre ihrer Kindheit verbracht hatten. Sophie von LaRoche (1731 – 1807) hatte nach dem großen Publikumserfolg ihres Romans «Geschichte des Fräuleins von Sternheim» einen literarischen Salon gegründet, der bis zum Umzug der alten Dame nach Offenbach als einer der gepflegtesten Zirkel der aufgeklärten Empfindsamkeit galt. Doch auch nach dem Ortswechsel zog die Persönlichkeit der angesehenen Schriftstellerin weiterhin die gelehrten Geister an. Ihre Tochter Maximiliane war 1793 als Ehefrau des Frankfurter Geschäftsmanns Peter Anton Brentano gestorben. Unter dem frühen Tod seiner Mutter Maximiliane hat Clemens Brentano sein Leben lang gelitten. Bettine besuchte nach dem Tod ihrer Mutter oft die Großmutter in Offenbach. Wahrscheinlich hatte

Sophie von LaRoche. Kopie oder Replik aus dem Jahr 1778 eines Gemäldes von Georg Oswald May, 1776

sie ihre neue Freundin Karoline von Günderrode eingeladen, sie zu begleiten und Bekanntschaft mit dem literarischen Zirkel um Sophie von LaRoche zu schließen. Günderrode kam der Einladung wohl 1802 oder 1803 nach. Da die Rente ihres verstorbenen Mannes 1794 als Folge der Eroberung des linken Rheinufers durch die Franzosen weggefallen war, mußte Sophie von LaRoche wieder zur Feder greifen, um ihren Lebensunterhalt zu verdienen. Unter anderem veröffentlichte sie ihren Almanach «Herbsttage», in dessen Ausgabe von 1805 sie Karoline von Günderrodes *Geschichte eines Braminen* aufnahm. Geschrieben hatte sie diese längste ihrer Erzählungen schon zwischen 1802 und 1803. Es ist ihr einziges explizit gesellschaftskritisches Werk, in dem sie die Bedingungen der umfassenden Entfremdung eines jungen Mannes reflektiert, der in einer Umwelt voller Profitgier und ungehemmter Machtentfaltung aufwächst. Indem sich Karoline von Günderrode der uralten Frage annahm, wie die Welt für einen moralischen Menschen beschaffen sein müßte, entwickelte sie in der *Geschichte eines Braminen* zudem eine Kritik an der rein rationalistischen Philosophie, deren Abstraktionen den Menschen vergewaltige. *Meine stolze Vernunft maßte sich bald die Alleinherrschaft in mir an; sie wollte, alles solle vernünftig seyn. Diese Forderung verwickelte mich natürlich in beständige Zwistigkeiten mit mir selbst und der Welt. [...] Warum ist denn alles gut, was auf Erden ist, nur der Mensch nicht? [...] Wie kann ich wissen, fuhr ich zu denken fort, was zu der eigentlichen Natur und Harmonie meines Wesens gehört, und was durch Erziehung und Verhältnisse Fremdes in mich übertragen wurde?* (SW I, S. 305) Die Sozialisation von Günderrodes Held Almor geht genau den entgegengesetzten Weg Wilhelm Meisters. Anstatt die bürgerliche Ordnung anzuerkennen, wendet sich Almor bei seiner ersten schweren Krise von deren Werten ab, weil er in Reichtümern und Vergnügen der Sinne nicht die Summe aller Güter erblicken kann, die der Mensch braucht, um glücklich zu sein. Almor gibt sein ausschweifendes Leben in der europäischen Metropole auf und wandert auf seiner Suche nach Sinn und Glück von Europa über Syrien bis nach Indien. Parallel zu den Stationen seines geographischen Weges vollzieht sich der innere Aufstieg seiner Seele, die dem mystischen Dreistufenweg von der Reinigung über die Erleuchtung zur Vereinigung mit dem Alleinen entspricht. Almors Selbsterforschung und die Erkenntnis seines Verbundenseins mit allem beginnt erst in der Abgeschiedenheit. In der Einsamkeit hört Almor die Stimme der Natur von der ersehnten *Grundkraft* sprechen, die als *Urleben* alles erfüllt. Noch empfindet Almor bei seiner Erleuchtung in Syrien diese *unsichtbare und geheimnißvolle Verbindung mit Etwas, das ich noch nicht kannte, und dem ich gern Gestalt und Namen ge-

geben hätte, nicht, aber er ahnt sie (SW I, S. 308). Erst in Indien führt ihn ein Bramine in das Geheimnis der Vereinigung der menschlichen Seele mit der Urkraft ein und ermöglicht Almor die versöhnende Integration aller Anteile seiner menschlichen Natur mit seinem Selbst. *So lebt der Mensch dreyfach: thierisch, dies ist seyn Verhältniß zur Erde; menschlich; dies ist seine Beziehung zur Menschheit; geistig, dies ist seine Beziehung zum Unendlichen, Göttlichen. Wer auf eine dieser drey Arten nicht lebt, hat eine Lücke in seiner Existenz, und es geht ihm etwas verlohren von seinen Anlagen. […] Diese neue Ansicht der Dinge brachte meinem Gemüth den ewigen Frieden.* (SW I, S. 311)

Gunda Brentano hatte Karoline von Günderrodes Eintreten für Savigny Gehör geschenkt. Nachdem Savigny am 13. Mai 1803 zum außerordentlichen Professor der Universität Marburg ernannt worden war, gaben die beiden vermutlich in Frankfurt im Beisein Günderrodes und einiger Gäste ihre Verlobung bekannt.[81] Diese offizielle Verbindung verlangte nach einer Neuordnung des Dreiecksverhältnisses, die Savigny dazu brachte, sich Günderrode endlich zu erklären, nachdem sie sich von ihm mit der Bitte zurückgezogen hatte, ihr bis zur

Marburg. Stahlstich aus der ersten Hälfte des 19. Jahrhunderts

Hochzeit nicht mehr zu schreiben. *Gunda behauptet ich habe eine kleine Leidenschaft für Sie, sie schreibt es Ihnen auch, aber es ist nicht, gewis nicht; wenn Sie mich kennten würden Sie wissen daß es nicht sein kann, aber Sie kennen mich nicht, es ist Ihnen vielleicht gleichgültig, wie ich bin, was ich sein kann und was nicht, und doch habe ich den Muth zu hoffen, ja ich weis es gewis ich werde Ihnen einst angehören wie ein Freund, oder wie eine Schwester; ich kann es mir deutlich denken, und mein Leben um vieles reicher; doch erst dann, – Sie wissen wohl wann ich meine – Schreiben Sie mir nicht, Ihre Briefe haben mir nicht viel Freude gemacht, es war immer etwas Erzwungenes darin so als hätten Sie ein paarmal vorher gesagt ‹ich will heute dem Günderrödchen schreiben›, und so war es auch mit meinen Briefen.*[82] Das ließ sich Savigny nicht gefallen. Er beschuldigte Karoline von Günderrode, ihm durch ihr Schreibverbot Unrecht getan zu haben. Sie verteidigte sich und warf ihm ihrerseits im Juli 1803 vor, nicht zu seinen Gefühlen gestanden zu sein, wodurch er sie erst recht verletzt hatte. *Ich soll Ihnen Unrecht gethan haben? ich soll bereuen? ehe ich zu diesem Äusersten schreite muß ich Ihnen erst erzählen, wie sehr natürlich und menschlich ich geurtheilt habe. In jedem Leben gibt es Augenblicke in welchen die Gegenwart mächtiger wirkt als die Vergangenheit und die Zukunft, so dachte ich, und dachte noch weiter. Sie hätten sich so ein wenig von der Gegenwart verschlingen lassen, und ich fände es gar nicht so Übel wenn es möglich wäre sich von diesem Ungeheuer auf eine kurze Zeit so verschlingen zu lassen daß einem hören, und sehen und manche Gedanken ganz vergingen.*[83] Hier spielte sie auf die Balkonszene in Lengfeld an. Auf diesen Vorwurf reagierte Savigny mit seiner Geschichte von der Verwundung seiner Hand, die sich bei der stürmischen Flucht Günderrodes nach der Balkonszene in Lengfeld abgespielt hatte. Im selben Brief schlug Savigny einen Freundschaftsbund vor, den er allerdings an die Bedingung knüpfte, die erotischen Erinnerungen zu vergessen. Am 14. Dezember 1803 schrieb er Günderrode aus Marburg: «Unter uns gesagt, seit einiger Zeit glaubte ich, Sie wären mir nicht recht gut mehr, und das nahm ich mir so zu Herzen, daß alle meine Studenten behaupteten, sie würden mirs unfehlbar ansehen, wenn es nicht gerade jetzt aus gewissen Ursachen ganz unmöglich wäre, daß ich betrübt aussähe. Sogar mein periodischer Schmerz an der rechten Hand ist dadurch wieder aufgeregt worden. [...] Vor einigen Jahren stand ich einmal an einem Kutschenschlag, als gerade jemand einsteigen wollte. Ich (wie ich denn von Natur gutmüthig bin) will helfen; eine besondere Belohnung hatte ich für den kleinen Dienst nicht erwartet, aber noch viel weniger, daß er mir mit solchem Dank vergolten werden würde. Denn eh ich mirs versehe, werde ich so entsetzlich gedrückt, daß ich (ich lüge nicht, Günderrödchen) viele Wochen lang nichts gefühlt habe als diesen Druck. Nachher habe ich ihn immer wieder gefühlt, so oft sich das Wetter veränderte. Ich bin bald nach jener Geschichte nach Sachsen gereist und habe sehr berühmte Aerzte um Rath gefragt: die meinten, ich müsse mich wohl verbrannt haben, helfen könnten sie mir nicht. [...] Ich wollte Ihnen sagen, daß es entsetzlich unnatürlich zugehen müste, wenn wir beide nicht sehr genaue Freunde werden sollten. Sie glauben nicht, mit welcher

«Da die Sünde unter meinen Bürgern herrschte und die Schwachheit, so hat der Pfaffe, den ich unter ihnen hatte, einen Beichtstuhl errichtet, und alle meine Bürger beichten ihm durch das Gitter.»
Clemens Brentano über Savignys Stellung im Familienkreis

Klarheit und Gewißheit ich einsehe, daß die Natur diesen Plan mit uns hat [...]. Nur etwas ist schlimm: ich stehe Ihnen gar nicht dafür, daß ich mich nicht zu Zeiten etwas in Sie verliebe, und das soll der Freundschaft Abbruch thun. Zum Beyspiel es wäre nicht ohne Gefahr, wenn sie eine kleine goldene Uhr an einer goldenen Kette um den Hals trügen: vor einem weißen Schürzchen, das Sie ehemals gehabt haben, fürchte ich mich gar nicht, denn das ist wohl schon längst zerrissen; aber ich werde mich wohl hüthen, Ihnen den Clavigo oder Hermann und Dorothea vorzulesen. Durch Schaden wird man klug, Erfahrung ist die beste Lehrmeisterin, und ein gebrenntes Kind scheut das Feuer: man spricht viel von den Leiden des jungen Werther, aber andere Leute haben auch ihre Leiden gehabt sie sind nur nicht gedruckt worden.»[84] In dem Vergleich liegt eine bezeichnende Verschiebung vor, denn im Gegensatz zu Lotte, die gebunden war und Werther nicht von sich aus liebte, hatte die ungebundene Karoline von Günderrode von Anfang an eine tiefe Zuneigung zu Savigny gefaßt. In der Nachschrift seines Briefes erinnert Savigny nochmals auf seine vornehm verhüllende Art an Günderrodes Freundschaftspflicht, die erotische Liebe zu entschärfen. «In den Veillées du chateau steht eine (wahrscheinlich schlechte) Erzählung Daphnis und Pandrose, diese Erzählung hat mich als ich ein Kind war zu Thränen gerührt, und nun fallen mir auf einmal die letzten Worte ein (brisons l'autel), und sie freuen mich wieder und rühren mich wieder und es kommt mir doch auch wieder sehr leicht und lustig vor. ist das nicht seltsam? und müssen Sie mirs nicht all noch erklären?»[85] Bisher fehlt jeder Hinweis darauf, daß die Günderrode diese Erzählung der Gräfin Félicité Ducrest de Genlis (1746–1830) gelesen hat. Ihr heftiger Widerspruch müßte doch wohl im Falle einer Lektüre gereizt worden sein, denn die Gräfin Ducrest schickte der Erzählung die Deutung voraus, daß es keine Liebe gebe, sondern nur die Illusion von ihr. Karoline von Günderrode zeigte Savigny in ihrer sofortigen Antwort vom 15. Dezember 1803 ihren Dank und ihre Freude,

Das Wohnhaus Friedrich Karl von Savignys in Trages

wieder Zugang zu Savigny gefunden zu haben. Aber es gelang ihr immer noch nicht, über ihre verlorene Liebe hinwegzukommen, die sie in der Erinnerung an die vergangenen Zeiten heraufbeschwor: *[...] daß die Natur uns zu Freunden bestimmt hat, es muß wohl wahr sein, [...] der Gedanke an Sie hatte mir vor einiger Zeit etwas sonderbar unangenehmes. Sie waren mir so verlohren, und ich fühlte dabei eine unbestimte, aber doch schmerzhafte Bitterkeit, es war ein häßliches todkaltes Gefühl [...]. Ihre Briefe freuten mich nur halb, nicht als das was sie waren, nur weil Sie von Ihnen kamen, und einen leisen Nachklang vergangener Zeiten in mir berührten. [...] Die Geschichte mit Ihrer kranken Hand ist sehr schön, mir ist als hätte ich die Hand lieber als wenn sie immer gesund geblieben wäre. Aber wissen Sie auch daß die Geschichte gar nicht vollständig, nur halb ist? Ich weis die andere Hälfte, und werde Sie einmal erzählen, sie ist auch mehr traurig als lustig. Das ist dann die Geschichte.*[86] Die Geschichte, die Günderrode hier meinte, ist wieder die Balkonszene. Durch ihr Einlenken beruhigt, lud Savigny sie und Gunda Brentano über Weihnachten 1803 auf sein nahe Hanau gelegenes Gut nach Trages ein. Karoline von Günderrode kam,

Das Kröbersche Haus in Meerholz, in dem Gunda Brentano und Savigny getraut wurden

und die drei verlebten einige schöne Tage, die der Dichterin aber nicht ihre Angst, von den beiden doch noch ausgeschlossen zu werden, nehmen konnten. Am 1. Januar 1804 richtete sie ihre verunsicherte Bitte an Savigny: *Ich finde unser neues Verhältniß sehr schön und frei, aber ich wollte, daß irgendein sichtbares Band mich an Euch bände, wenn ich doch Ihr Bruder wäre, oder Gundelchens Schwester; ich würde es nicht schöner finden, aber sicherer. Die Verhältnisse der Verwandtschaft sind so unzerstörbar, und kein Schiksal kann sie auflösen.*[87] Savigny forderte Günderrode auf, sich zusammenzureißen und sich in das neue Beziehungsambiente einzufügen: «Ich meine nämlich, daß eine gewisse hingebende Weichheit und das berühmte Helldunkel gar nicht zu Ihrem eigentlich eigentlichen Wesen gehören [...] – nicht zu weich seyn und zu wehmüthig und zu sehnsüchtig – klar werden und fest und doch voll Wärme und Freude des Lebens.[88] Die Günderrode nahm es sich zu Herzen und teilte Savigny beschämt mit, daß sie eine zweite Leidenschaft entdeckt habe: *Ich kann es Ihnen nur mit großer Blödigkeit sagen, ich schreibe ein Drama, meine ganze Seele ist damit beschäftigt, ja ich denke mich so lebhaft hinein, werde so einheimisch darin, daß mir mein eignes Leben fremd wird; ich habe sehr viel Anlage zu einer solchen Abstraktion, zu einem solchen Eintauchen in einen Strom innerer Betrachtungen und Erzeugungen. Gunda sagt es sei dumm von mir sich von einer so kleinen Kunst als meine sei, sich auf diesen Grad beherrschen zu lassen; aber ich liebe diesen Fehler, wenn es einer ist, er hält mich oft schadlos für die ganze Welt.*[89]

Am 17. April 1804 wurden Gunda Brentano und Savigny in Meerholz getraut. Karoline von Günderrode machte Savigny folgendes Sonett samt Postskriptum zum Geschenk.

Der Kuß im Traum

Es hat ein Kuß mir Leben eingehaucht,
Gestillet meines Busens tiefstes Schmachten.
Komm Dunkelheit! mich traulich zu umnachten
Daß neue Wonne meine Lippe saugt.

In Träumen war solch Leben eingetaucht.
Drum leb ich ewig Träume zu betrachten,
Kann aller andern Freuden Glanz verachten
Weil nur die Nacht solch süßen Balsam haucht.

Der Tag ist karg an Lieb süsen Wonnen
Es schmerzt mich seiner Sonne eitles Prangen
und mich verzehren seines Lichtes Gluthen.

Drum birg' Dich Aug' dem Glanze irdscher Sonnen
Taug Dich in Nacht, sie stillet Dein Verlangen
Und heilt den Schmerz, wie Lethes kühle Fluthen.

S. -g: ist wahr. Solche Dinge träumt das Günderrödchen, und
von wem? Von jemand der sehr lieb ist, und immer geliebt
wird [90].

Savignys Reaktion auf dieses Geschenk ist nicht überliefert. Wahrscheinlich überging er Günderrodes Gefühlsausbruch mit Schweigen.

Dichten als Ausweg aus der Einsamkeit

An die Hochzeit schloß sich ein längerer Aufenthalt Günderrodes auf Savignys Gut Trages an, über den sie an Claudine Piautaz, genannt Klötchen, schrieb. Klötchen war lange Jahre als Hausdame im Haus «Zum Goldenen Kopf» der Brentanos in Frankfurt angestellt gewesen, wo sie die Kinder der 1793 gestorbenen Maximiliane Brentano aufzog. *Die Gegend ist so schön, so abentheuerlich, aber mein Dichtungsquell ist vertrocknet; ich dachte hier recht viel Stoff zu finden. Es ist sonderbar, daß die Phantasie am meisten hervorbringt, wenn sie keine äußern Gegenstände findet, sie erschafft sich dann selbst Gegenstände und bildet sie um so sorgfältiger, da es keine fremden Stoffe, sondern ihre eigenen Kinder sind. Im Genuß ist keine Dichtung (die Wirklichkeit tötet den Traum), nur in der Sehnsucht, diese ruft ein anders Leben hervor in mir als das Wirkliche. Wer ganz genießt, der lebt wirklich, und wer so lebt, wie sollte der noch träumen wollen oder können. Das Leben läßt sich nicht teilen. [...] Ich habe oft darüber nachgedacht, aber ich glaube nicht, daß man zwei Zustände zugleich haben kann; ich glaube, sie folgen (mögen auch die Zeitabschnitte noch so klein sein) aufeinander. [...] Ich kehre in mich selbst zurück und erschaffe mir eine andre Welt; leichte Träume umschweben mich, mein Bewußtsein verliert sich in der Betrachtung. So mag es einem Sterbenden sein, das Bewußtsein wird immer schwächer und unterbrochener; Träume umhüllen es immer dichter und vermählen sich mit den Gestalten der Wirklichkeit, bis diese ganz verschwinden und der Träumer zum Traum wird. Das helle Bewußtsein ist drückend, es ist immer mit tausend Schmerzen verbunden, es kann die Zeit nicht vergessen und knüpft mit unseligen Banden an die Erde und die Zeitlichkeit, darum weiß das Bewußtsein von keiner Ewigkeit. Aber in Träumen ist die Ewigkeit, da gelten nicht die Berechnungen der Zeit, im Traum ist Seligkeit, und alle Seligkeit ist nur erträumt – die Ewigkeit ist das Land der Träume. – Alles war gut, was geschaffen war, sagt die heilige Schrift, warum war es dann*

*der Mensch nicht? warum soll er anders sein, als er ist. Wunderbar!
– Dies erfüllt mich mit Trauer. Seine Empfindungen und Wünsche
am Altare der Notwendigkeit oder der Sitte schlachten, das nennt
man Tugend. Sich stückweise selbst morden ist also Tugend.*[91]

Dieser Brief enthält Günderrodes Poetik. Im Leben und im
Schreiben wollte sie ihre eigene Natur ohne Verfälschung zum
Ausdruck bringen. Schreiben war ihr zum Mittel der Selbstbehauptung geworden. Da Gunda Brentano und Savigny Trages
vor Günderrode verlassen hatten, sagte Clemens Brentano sich
als Gast an. Aber Günderrode schrieb ihm ab. Sie genoß ihre
Einsamkeit und schickte Savigny einen Abschiedsgruß hinter-
her, der ihn ihrer Liebe versicherte: *Meinem Herzen aber ist es
glaub ich, sehr heilsam daß ich Sie nicht noch einmal gesehen habe,
denn die Wirkungen Ihrer zauberischen Gegenwart, sind nur allzu
gefährlich für zarte Gemüther, um so mehr da Sie gleich klugen Ko-
ketten nach allen Richtungen freundliche Blikke senden; man weis
nicht wer damit gemeint ist, jede schmeichelt sich ins geheime damit,
und Keine mag fürchten, daß es allgemeine Huld und Güte ist.*[92]
Aber die entstandene Entfremdung war nicht mehr umkehr-
bar, wie Günderrode Savigny im Dezember 1805 schrieb: *Im
Ganzen bin ich eigentlich geneigt in dir eine gewisse Ungerechtigkeit
gegen meine innerste Natur vorauszusetzen, und in so fern habe ich
eine deutliche Gränze in meinem Vertrauen; wenn ich dich aber sehe
und du bist so gut und teilnehmend gegen mich, dann rührt mich das
so sehr daß ich mich der vorigen Gränze nur noch sehr undeutlich
bewußt bin.*[93]

Andererseits hatte Günderrode allen Grund, über ihre Anfang 1804 plötzlich anwachsende Isolation besorgt zu sein.
Am 5. Februar 1804 heiratete ihre
Schwester Wilhelmine den späteren großherzoglich hessischen Mi-
nister Karl du Bos du Thil. Von
dem Besuch des Paares in ihrem
Haus berichtete Lisette Mettingh
am 5. April 1804 aus Frankfurt an
Karoline von Günderrode, die zur
Zeit in Hanau weilte: «Einen Ver-

5. Februar 1804   Wilhelmine
von Günderrode heiratet
Karl du Bos du Thil
5. März 1804   Lisette Mettingh
heiratet Christian Nees von
Esenbeck
17. April 1804   Gunda Brentano
heiratet Friedrich Karl von
Savigny

lust muß ich noch sagen den wir beyde erleiden und der frey-
lich vorauszusehen war. Wir haben Minens irrdischen Theil sicher gestellt auf den Trümmern ihres Ewigen: [...] Sie ist hier
mit du Thil, seit ein paar Tagen und besuchte mich gestern; ihr
Betragen, so verschieden von dem ehmaligen, scheint mehr als
Laune zu seyn. Höflich, förmlich und ganz Vertrauungslos! Sie
sprach nur von ihrer Wirthschaft, von oberflächlichen gesellschaftlichen Verhältnissen u.s.w. aber keine Sylbe von ihrem
wahren inneren Leben – es stirbt ab, oder bewegt sich in abge-
messnen Schritten zwischen ihr und du Thil ganz allein.»[94]
Zugleich fürchtete Lisette Mettingh ihrerseits wegen ihrer am
5. März erfolgten Eheschließung mit Christian Nees von Esenbeck Günderrodes Eifersucht. Lisette schwärmte offen von ihrer Liebe zu ihrem Mann und versuchte Günderrode in ihre
Freude mit einzubeziehen. Als das jungvermählte Paar Nees
von Esenbeck am 21. April 1804 nach Gut Sickershausen bei
Würzburg zog, bedeutete das für die im Stift zurückgelassene
Karoline von Günderrode einen herben Verlust. Noch von
Frankfurt aus beteuerte Lisette: «Nein niemals Caroline werde
ich ein Verhältniß wie das unsrige war vergessen können; – es
war die Jugend meines Lebens, frei ungetrübt und ewig heiter
wie der Himmel; nun habe ich mich hinausgewagt aus diesen
Spielen der Kindheit und schon ergreift mich das Leben mit
seinen ungewissen Schiksalen, seinen Sorgen und Schmerzen.»[95] Mit «Leben» meinte sie ihre Ängste vor dem Tod im
Kindbett einerseits, andererseits die Schwierigkeiten der für
sie neuen Gutswirtschaft in Sickershausen, wobei sie die
mißgünstige Besserwisserei ihrer Schwiegermutter zusätzlich
belastete. Zudem machten die Depressionen ihres Mannes
Lisette Nees zu schaffen. In Günderrode wollte sie sich eine
emotionale Stütze erhalten: «Es könnte kommen daß ich der
Anhänglichkeit an Dich mehr wie jemals bedürfte um zu leben.»[96] Aber es ließ sich nicht verbergen, daß die Dichterin
auch in diesem Dreieck wieder die Verliererin war. «Laß auch
mich so in Deinem Geiste wohnen und mache nicht die Trennung dadurch noch schärfer daß Du sie zu sehr als Trennung
behandelst. – Sage mir nicht daß ich Dich entbehren könne

weil ich Ersatz für die Freundschaft in der Liebe gefunden, es ist nicht so, das weißt Du. Du hast noch keinen Augenblick aufgehört mir so werth zu seyn als damals wie ich noch ausser Dir gar nichts besaß.»[97] Die Günderrode besuchte mit Susanne von Heyden zusammen Lisette Nees und ihren Mann vom 14. bis zum 18. August 1805. Aber inzwischen stand Günderrodes Liebesverhältnis zu Creuzer zwischen den beiden Freundinnen. Lisette Nees versuchte vergeblich, ihrer Freundin die Liebe zu Creuzer auszureden. Sie vergaß offensichtlich, daß Karoline von Günderrode einen neuen Mentor brauchte, denn die Nees von Esenbecks hatten Frankfurt in dem Monat verlassen, in dem Günderrodes erstes Buch *Gedichte und Phantasien* in der J. C. Hermannschen Buchhandlung, Hamburg und Frankfurt, unter dem männlichen Pseudonym «Tian» erschien. Die Günderrode mußte sich eines Mentors bedienen, um als Frau auf dem zeitgenössischen Buchmarkt veröffentlichen zu können. Dieser Mentor war ziemlich sicher Nees. Er beriet Karoline von Günderrode auch bei der Endredaktion des Buches und schrieb eine wohlwollende Rezension, die er an Goethes «Jenaische Allgemeine Literaturzeitung» schickte. Deswegen dürfte eher Nees Karoline von Günderrode an den Verleger vermittelt haben als Sophie von LaRoche, die ebenfalls als Förderer der Günderrode genannt wurde. Das männliche Pseudonym «Tian» sollte verschleiern, daß sich in dem Buch eine Frau mit Themen beschäftigte, die nach damaligem Verständnis Männern vorbehalten waren.

GEDICHTE

UND

PHANTASIEN

VON

TIAN.

HAMBURG und FRANKFURT
in Commission
in der J. C. Hermannschen Buchhandlung
1804.

«Gedichte und Phantasien».
Titelblatt des Erstdrucks von 1804

Helen M. Kastinger Riley[98] schlägt vor, Günderrode habe ihr Pseudonym «Tian» dem chinesischen «Tien» angelehnt, über das sie in ihrem Studienbuch unter dem Titel *Religion der Chineser* notierte: *Sie bestand auch in Anbetung der Theile der Körperwelt; das Ganze, oder das höchste Wesen nannten sie Tien.*[99] Das würde es erlauben, Günderrodes Pseudonym als Programm zu verstehen.

Gedichte und Phantasien ist eine Sammlung, die in freier Reihenfolge lyrisch-epische Dichtungen, einige Dramenfragmente und Prosastücke enthält. Beim ersten Lesen fällt die seltsame Fremdheit der Dichtungen auf, der Goethe mit vorsichtiger Ratlosigkeit begegnete. In seiner Antwort an Heinrich Eichstädt, der Goethe die *Gedichte und Phantasien* samt Nees' Rezension zur Beurteilung vorgelegt hatte, beurteilte Goethe die Rezension der *Gedichte und Phantasien* durch Nees von Esenbeck als brauchbar, hieß sie in die «Jenaische Allgemeine Literaturzeitung» aufnehmen und sagte über Günderrodes Werke: «Diese Gedichte sind wirklich eine seltsame Erscheinung.» (SW III, S. 66) Besonders gelegen war Karoline von Günderrode an Clemens Brentanos Urteil, dem sie ihr Dichten und ihre Entscheidung, zu veröffentlichen verheimlicht hatte. Zunächst reagierte er ungläubig, wie Bettine Brentano in ihrem Brief vom 1. Mai 1804 an Günderrode berichtete: «Eine Menge Züge darin machen es mir glaublich daß sie von ihr sind, aber der hohe Ernst, der Tiefsinn, die wunderschöne Sprache, die Gehaltenheit, und vor allem die oft ganz Klassische Kunstvollendung haben mich oft zweiflen lassen, wenn Du gewiß weist daß der Franke in Aegypten von ihr ist, so kann alles von ihr seyn, denn dieser ist ein ganz vortrefliches Gedicht, kein Weib hat noch so geschrieben, noch so empfunden.» (SW III, S. 60) Clemens Brentano schrieb Günderrode auch persönlich über die *Gedichte und Phantasien.* Sein Brief lag dem Bettines vom 1. Mai bei: «Ich habe sie mit Entzücken gelesen, es scheint mir möglich, daß sie von Ihnen seyen, aber ich kann es dann wieder nicht begreifen, daß ich eine solche Vollendung in Ihrem Gemüth nicht sollte verstanden haben.»[100] Tatsächlich verlangte er vor allem eine offene Erklärung Günderrodes

zu ihrer Verfasserschaft und eine Erklärung ihres Vertrauens-
bruches. Zugleich warb Clemens Brentano inbrünstig um die
Wiederaufnahme ihrer ehemals innigen Freundschaft.

Am 15. Mai lüftete der Rezensent des von Kotzebue her-
ausgegebenen Literaturblattes «Der Freimüthige oder Ernst
und Scherz» das Geheimnis um das Pseudonym «Tian»: «Eine
etwas alberne Anpreisung in einem öffentlichen Blatte, welches ein Fräulein von Güntherode als Verfasserin nannte,
machte mich aufmerksam auf das Büchelchen.» (SW III, S. 61)
An die Entdeckung knüpfte der Rezensent sein Vorurteil, daß
Frauen nur schön zu dichten vermögen, wenn sie die ihnen
gemäße häusliche und famliäre Sphäre nicht überschreiten.
Die Günderrode aber hatte philosophische und mythische
Themen behandelt und verfiel daher dem Verdikt des Rezen-
senten. Sie nahm es gelassen und schrieb an Savigny: *Im
Freimüthigen steht eine Rezension die ich Euch hier, der Schlechtig-
keit wegen, mitschikke, ein gewisser Herr Engelmann Hofmeister all-
hier ist deren Verfasser. Daß der gute Mann Hofmeister ist habe ich
gleich gemerkt, seine Amtsmine sieht sehr durch das grobe Gewebe
hindurch.*[101] Auch Lisette Nees nahm sich den Artikel im «Freimüthigen» nicht allzu sehr zu Herzen, aber die Borniertheit
der Frankfurter sorgte sie: «Armes Günderödchen, unter Kot-
zebues Critik zu fallen, ist hart; ich vermuthe stark, daß es ein
Frankfurter eingesandt. Kotzebue ist ein Schild unter welche
sich alle Thorheiten und Abgeschmaktheiten unsrer Zeit sam-
len. Wie beträgt man sich in Hinsicht Deiner Autorschaft gegen Dich? Ich fürchte die Gemeinheit meiner Vaterstadt.»[102]
Gleichzeitig ermahnte sie Karoline von Günderrode, an der
Selbstbehauptung als Dichterin festzuhalten: «Die Ansprüche
welche die Welt an das äußere Benehmen eines gewöhnlichen
Weibes macht, wird sie jezt immer an Dich machen. Ihren Tadel hast Du schon hinweg, warum willst Du nicht durch ein
freyes und kühnes Benehmen vor einem kleinen Kreis von
Menschen Dein inneres Leben eben so ungescheut aussprechen, wie du es vor der ganzen Welt gethan? Es ist wahrlich
Zeit, daß dies von jedem der das Höhere erkannt und ergriffen
mit Kraft und Geist geschehe; wenn Du es nicht wagst, wer

sollte es thun? Da so viele Weiber in Deiner Nähe ihre Untergeordnetheit fühlen, und Du noch immer nicht wagst gegen das Gemeine und Schlechte Dich frei und ohne Rücksicht zu erklären, wie sollten selbst die Beßren die Dich umgeben es wagen?»[103] Günderrode hatte Lisette Nees von Clemens Brentanos Lob berichtet. Lisette Nees warnte die Günderrode davor, den Einschmeichelungen Brentanos zu glauben und in seinem Brief mehr zu sehen, als eine Würdigung ihrer Werke: «Clemenz ist ein Künstler aber ein reiner Enthusiasmus lebt doch nicht in seiner Seele, denn er liebt es daß man seine Originalität in ihm anstaune wobey es ihm gleichviel ist ob die Sache wofür er spricht Eingang gewinnt [...]. Sein Brief ist eigentlich so wenig die Meinung seiner Seele daß Du Dich nicht schlimmer täuschen könntest als wenn Du glaubtest es sey wirklich sein Streben in innige Berührung zu Dir zu gelangen [...]. Nicht wahr Du glaubst nicht daran, ich bitte Dich, sag mir das Du nicht daran glaubst. Und wenn Du nicht stolz seyn kanst, was bist Du dan? Ein neues Spielwerk womit er den langweiligen Genius seiner Ehe beschwört.»[104] Günderrode antwortete Clemens Brentano im Mai 1804 von Trages aus. Was die Wiederaufnahme ihrer Beziehung anging, so bat sie ihn, fern zu bleiben: *Wie ein böser Traum sind mir manche bittere und trübe Erinnerungen von Ihnen vorübergegangen, aber von dieser ganzen Vergangenheit ist mir nur ein lebhafter Antheil an Ihnen geblieben, und in diesem Sinne hat mich Ihr Brief betrübt, weil er mir die verworrnen Schmerzen Ihres Gemüthes und doch wieder dunkel darstellt [...]. Die Gedichte von Tian sind von mir, ich wollte es allen Menschen verbergen, ein Zufall hat es vereitelt, aber noch hat mich kein Beifall so erfreut wie der Ihrige, und mehr wird es keiner. [...] aber was auch geschehen könnte, so bitte ich Sie, kommen Sie nicht hierher, ich habe viele Gründe, warum ich Ihnen das sage. Savigny und Gunda sollen nichts von Ihrem Brief erfahren.*[105]

Clemens Brentano reagierte beleidigt. Am 2. Juni ging sein zweiter Brief an Günderrode ab. Diesmal wollte er wissen, wie sie auf die Idee gekommen sei, ihre Werke zu veröffentlichen. Er warf ihr vor, sie schreibe nicht authentisch. Außerdem seien ihre Gedichte nicht bunt genug und zu sehr mit Bildungsgut beladen: «Das Einzige, was man der ganzen Sammlung vorwerfen könnte, wäre, daß sie zwischen dem Männlichen und Weiblichen schwebt, und hier und da nicht genug Gedichten, sondern sehr gelungen aufgegebenen Exerzitien oder Ausarbeitungen gleicht.» (SW III, S. 64 f.) Günderrode bezog Brentanos Kritik nicht auf ihre Werke, sondern auf ihre Person. Sie fühlte sich nicht verstanden. Ihren Skrupeln zum Trotz parierte sie seine Angriffe mit Humor. Am 10. Juni schrieb sie an Brentano: *Ehe ich zur ernstlichen Beantwortung Ihrer ernstlichen Fragen komme muß ich Sie recht dringend bitten mir die fatale Perücke abzunehmen die Sie mir aufgezwängt haben, die ich eigentlich nicht trage weil sie mich sehr beengen würde [...]. Wie ich auf den Gedanken gekommen bin meine Gedichte drucken zu lassen wollen Sie wissen? Ich habe stets eine dunkle Neigung dazu gehabt, warum? u wozu? frage ich mich selten. [...] leicht u unwissend was ich that, habe ich so die Schranke zerbrochen die mein innerstes Gemüth von der Welt schied; u noch habe ich es nicht bereut, denn immer neu u lebendig ist die Sehnsucht in mir mein Leben in einer bleibenden Form auszusprechen, in einer Gestalt die würdig sei zu den vortreflichsten hinzuzutretten sie zu grüßen u Gemeinschaft mit ihnen zu haben. Ja nach dieser Gemeinschaft hat mir stets gelüstet, dies ist die Kirche nach der mein Geist stets walfartet auf Erden.* (SW III, S. 63) Brentano empfand Günderrodes dichterischen Ehrgeiz als Anmaßung. Ziemlich bald agitierte er gegen seine einstige Angebetete. Friedrich Creuzer teilte Günderrode am 18. September 1804 mit, Clemens Brentano habe auf seine Mitteilung des Goetheschen Lobes nur geantwortet, das habe der Olympier lediglich ironisch gemeint. «Da er es nachher der Mereau erzählte, meinte diese: ‹das sei eine Artigkeit von Göthe, die er z. B. auch gegen die Imhof gemacht habe› Dies führte zu einer Erörterung über den Werth Deiner Poesie. Clemens Urtheil lief darauf hinaus: ‹Du habest gar keine Poesie.› Die Mereau meinte ‹Du seiest zwar nicht fähig Originales hervorzubringen, wohl aber die großen Ideen unserer Zeit, die Dich begeistert, gebildet auszusprechen›.» (SW III, S. 67) Brentano konnte davon ausgehen, daß Creuzer seine Urteile an Günderrode weitergeben würde. Doch auch an solche, mit denen die Dichterin nicht in direktem Kontakt stand, richtete er seine Agitation; gegenüber Johann Heinrich Bang, dem Freund der Romantiker, ließ er allenfalls *Wandel und Treue* als «leidliches Lied» gelten.[106] Karoline von Günderrode reagierte mit Rückzug: *Meine Beziehung zu Ihnen ist nicht Freundschaft, nicht Liebe, meine Empfindung bedarf daher keines Verhältnisses, sie gleicht vielmehr dem Interesse, das man an einem Kunstwerk haben kann, aber verworrene, mißverstandene Verhältnisse könnten mir dies Interesse trüben.*[107]

Eine wesentlich einfühlsamere Kritik erhielten Günderrodes *Gedichte und Phantasien* durch Christian Nees von Esenbeck. Sie erschien in der damals angesehensten, weil von Goethe geleiteten *Jenaischen Allgemeinen Literaturzeitung.* Nees maß ihre Werke an der Schellingschen Kunsttheorie und attestierte der Dichterin die Gabe, die Probleme der Vernunft in poetischer Sprache darstellen zu können. Damit traf er Günderrodes Anliegen, Kunst und Natur, Schreiben und Leben in einem ungetrennten Ausdruck zu verschmelzen. Sie vereine, was in Natur und Geschichte getrennt erscheint, so daß sich unter ihrer Feder das, was der Nichtkünstler «Natur» nennt, in ein Gedicht verwandele, das die Natur dem Leser öffnet.[108] «Unter den philosophischen Aufsätzen verdient besonders das *apokalyptische Fragment*, ein Versuch, das Losreisen des Endlichen von dem Absoluten und dessen Rückkehr ins All unter subjectiven Formen des Bewußtseyns auszusprechen, ausgezeichnet zu werden.» (SW III, S. 64 f.)

Weitgehend unbemerkt blieb die ausgeprägte Vorliebe Günderrodes für das Lyrische, was vielleicht daran lag, daß sie sich zum einen den zeitgenössischen Moden und Experimenten nicht anschloß, sondern sich ebenso der klassischen wie der romantischen Formen bediente. Zum anderen ist die Zahl rein lyrischer Texte in ihrem Werk gering. Dafür drückte sich ihre Tendenz zur Verdichtung ihrer Aussagen in der Lyrisierung der literarischen Gattungen aus. Karoline von Günderrode gestaltete ihre Empfindungen und Gedanken in lyrischer Prosa, in versifizierten Balladen, in philosophisch-lyrischen Meditationen, in lyrischen Dramen und Dramoletten. Insofern liegt das Eigene, was sie zu geben hatte, in ihren Bildern und Gedanken, die durch ihre mythische Einkleidung ebenso nachhaltig wie schwer zugänglich sind. Dabei ist Günderrodes Bildersprache von nicht-antiken und nicht-christlichen Mythologien geprägt. Mit dem Gedicht *Liebe und Schönheit* reiht sich Günderrode in die von Schelling und Schlegel angeregte Bewegung der jungen intellektuellen Eliten in Deutschland ein, die zur politischen Ohnmacht verdammt waren und ihre gesellschaftliche Verantwortung in der Erforschung des menschlichen Bewußtseins einsetzten. Indem Günderrode, wie viele geistig Schaffende der Zeit zwischen 1789 und 1814, ihrem dennoch optimistischen Weltbild in metahistorischen und ästhetischen Utopien

> «Das gestörte Gleichgewicht der eigenen Kräfte macht den einzelnen Menschen elend. Die Ungleichheit der Bürger, und die der Völker macht die Erde elend.»
>
> Karoline von Günderrode über die Ideale der Romantik und der Französischen Revolution

wie dem Dramolett *Immortalita* Ausdruck verlieh, erschloß sie Gebiete des menschlichen Fühlens und Denkens, die eine rein biographische Deutung ihrer Werke verbieten. Trotzdem verstanden schon die Zeitgenossen Günderrodes viele ihrer Werke allein aus Günderrodes Situation als dichtende Frau in einer Männerwelt heraus und weigerten sich, der Dichterin in die große seelische und sprachkünstlerische Gestaltungsfülle ihrer Bilder und ihres Klangreichtums zu folgen. Nees war einer der wenigen, der Günderrodes sprachlichen Weg vom Endlichen ins Unendliche nachvollzog und als Günderrodes eigenständige Leistung würdigte.

Unter Karoline von Günderrodes Lesern nahm Bettine Brentano eine Sonderstellung ein. Ohne philosophische Bildung mußte ihr das echte Verständnis für Günderrodes Werke verschlossen bleiben, dennoch bewunderte sie deren Genie maßlos und warb heftig um das Vertrauen und die Zuneigung der älteren Freundin. Karoline von Günderrode verstand, daß Bettine Brentano viel zu sehr in die Wirren ihres eigenen Wesens verstrickt war, als daß sie sich auf Günderrodes innere und äußere Konflikte hätte einlassen können. Bettines stürmisch vorgetragenes Projekt, eine «Schweberreligion» zu gründen, das dem Selbst- und Naturverständnis Günderrodes gänzlich zuwiderlief, zeugt für die Gegensätze in Temperament und Charakter der beiden hochbegabten und kraftvollen Frauen. Die Günderrode wußte sich von Bettine Brentano umworben. Aber eine wie auch immer gestaltete enge Beziehung zwischen ihr und Bettine setzte die Selbstverleugnung einer der beiden Partnerinnen voraus, was sich schon allein darin zeigte, daß Bettine Brentano die Dichterin «Günter» nannte. Unermüdlich wies Karoline von Günderrode auf die Verschiedenheit ihrer Temperamente hin. Im Winter 1805/06 schrieb sie Bettine nach Marburg: *Dein Brief hat mich gefreut und gerührt [...] ich weis nicht wie viel du thun kanst, aber so viel ist mir gewiß, daß mir, nicht allein durch meine Verhältniße, sondern auch durch meine Natur engere Gränzen in meiner Handlungsweise gezogen sind, es könnte also leicht kommen, daß dir etwas möglich wäre, was es darum mir noch nicht sein könnte. Du must dies bei deinen Blikken in die Zukunft auch bedenken.*[109] Trotz des Ungleichgewichts in ihrer Beziehung intensivierte sich die Freundschaft der beiden Frauen, nachdem Karoline von Günderrodes Schwester Wilhelmine und ihre Freundinnen Gunda Brentano und Lisette Mettingh sich verheiratet und Frankfurt bzw. Hanau verlassen hatten. Bettine Brentano nutzte die entstandene Lücke und besuchte Günderrode ab dem Winter 1804/05 im Stift. Die Frauen machten es sich gemütlich. Sie heizten den Ofen an, kochten Tee und Schokolade und entdeckten auf Reiseatlanten unbekannte Länder, durch die sie dann phantastische Reisen machten. Während sich Bettine, fünf Jahre jünger als Günderrode, durch den Tag treiben ließ und den Eindruck eines tollen Kindes vermittelte, drang Günderrode auf Lerndisziplin und Studium der Geschichte und Philosophie, um die in Bettines Gemüt chaotisch durcheinandergeworfenen Talente planvoll auszubilden. Daher gründete sich die Beziehung der beiden Frauen hauptsächlich auf der «Erziehung» Bettine Brentanos durch Karoline von Günderrode, die in ihrem Studienbuch[110] Material vor allem für den Unterricht in Geschichte sammelte, den sie Bettine an den langen Herbst- und Winternachmittagen der Jahre 1804 und 1805 erteilte. Aber die beiderseitigen Bemühungen fruchteten wenig, weil Bettine Bren-

Bettine Brentano
(von Arnim). Anonymes
Medaillon-Aquarell auf Elfenbein

tano eine unüberwindliche Abneigung gegen Disziplin jeder Art hatte. In ihrem Eifer, es der Günderrode dennoch recht zu machen, um sie nicht zu verlieren, überanstrengte sie sich und fiel in ein Nervenfieber, so daß Karoline von Günderrode sie nun pflegen mußte. In ihrem Günderrode-Roman deutete Bettine Brentano ihre Krankheit als Reaktion auf die eiserne Disziplin, mit der Günderrode ihre intensiven philosophischen Studien betrieb. Ihre Theorie von Günderrodes mörderischer Philosophie legt sie Günderrode selbst in den Mund und läßt sie sagen: «Was Du Schlaftrunkenheit nenntest, das war nach Sömmering Nervenfieber, er sagt Du habest keinen Sinn für Krankheitszustände, Du habest die Kinderkrankheiten wie lustige Spiele durchgemacht, diesmal sei es von überspanntem Studieren gekommen. Die philosophischen Ausdrücke Absolutismus, Dualismus, höchste Potenz etc. mit denen Du in Deine Fieberphantasien spieltest zeugten wider mich. [...] Der

Hohenfeld sagte mir, Ebel erzähle Du habest aus überreiztem Widerwillen gegen die Philosophie starkes Erbrechen gehabt, daraus sich ein galliges Nervenfieber gebildet habe.»[111] Auch Gunda Brentanos Postskriptum in Savignys Brief an Günderrode aus Paris vom 17. Februar 1805 gibt ein Bild von der Grundlage dieser manchmal herzlichen, jedoch eher von Bettines Seite aus wirklich liebesähnlichen Beziehung: «Das zweite warum ich Dich wieder so lieb habe, ist Deine Freundschaft für Betina: Du lernst mit ihr, das hat sie uns geschrieben, und auch daß Du sie gepflegt hast als sie krank war, das alles lohne Dir Gott, und pflege sie immer denn sie ist wohl immer krank.»[112] In «Goethes Briefwechsel mit einem Kinde» sprach Bettine Brentano abermals davon, Günderrode sei selbst davon überzeugt gewesen, ihre Krankheit habe von den philosophischen Studien hergerührt.[113] Und Clemens Brentano schrieb an seine Frau Sophie am 16. August 1805: «Bettine hat bis jetzt mit unsäglich mannigfachem zerstreuten unterbrochenen Fleiß griechische Geschichte studiert, die Günderrode hat sie auch etwas zur Philosophie aufgerüttelt gehabt, es hat aber nicht weiter gefangen, als daß sie ein paar schlechte platonische Briefe geschrieben, über die sie jetzt lacht.»[114] Ein wichtiges Kriterium für die Qualität der Beziehung der beiden Frauen ist Günderrodes Verhältnis mit Creuzer. Bettine Brentano gehörte dabei nicht zu Günderrodes Vertrauten. Dennoch verfolgte Bettine Brentano Karoline von Günderrode mit ihrer Eifersucht, die sich in wiederholt vorgebrachten Beschwerden über Günderrodes mangelnden Schreibeifer ausdrückte und zeigt, wie wenig Bettine Brentano auf ihre angebliche Freundin einging, wußte sie doch vom Augenleiden Günderrodes, von ihren Kopfschmerzen und der daraus resultierenden Beeinträchtigung beim Schreiben. Günderrode verteidigte sich: *Ich habe Dir zuletzt geschrieben! Ich glaube aber Du warst schon in Cassel als mein Brief ankam; denke also nicht ich sei so bequem als Du mich beschuldigst; es scheint überhaupt als habest Du meine Art zu sein vergessen und ein fremdes Bild dafür untergeschoben [...].*[115] Zudem war es nicht Günderrodes Art, viel zu schreiben: *Du weist, viel denken und oft schreiben ist bei mir gar sehr zweierlei; auch hab ich die Zeit schrecklich viel Kopfweh gehabt*[116], schrieb sie im November 1805 an Bettine Brentano. Von Achim von Arnim, mit dem sich Bettine im Jahr 1805 anfreundete, stammt die klarste Beurteilung des Verhältnisses der beiden Freundinnen. Er wiederholte in seinem Brief an Bettine Brentano, was diese ihm 1805 anvertraut hatte: «Doch, meine ich, Sie äußerten damals, ihr näher in Beschäftigung, Richtung, Ansicht und Austausch von Kenntnissen, als durch eigentliches Anschließen an ihr einzelnes, eigentümliches Wesen verbunden zu sein.»[117]

Während ihrer Freundschaft zu Bettine Brentano vertiefte Karoline von Günderrode ihre Beziehung zu Susanne von Heyden, die sie von Anfang an in ihr Verhältnis zu Creuzer einweihte. Heyden war seit 1798 mit dem Grenadierhauptmann Johann Georg von Heyden verheiratet. Da sie in Frankfurt lebte, konnte sie Schreibarbeiten für Günderrode übernehmen. Viele Originale sind in ihrer Handschrift überliefert. Zugleich

Achim von Arnim. Bleistift, Silberstift und Pastellfarben, um 1800

93

trieb sie mit Günderrode intensive Studien in verschiedenen Wissenschaften. Vor allem aber teilte Heyden Karoline von Günderrodes Leidenschaft für die Schellingsche Philosophie, ohne jedoch die lebensgefährliche Dynamik in Günderrodes Beschäftigung mit der Philosophie Fichtes, Schellings oder Novalis' richtig einschätzen zu können. Die unveröffentlichten Aphorismen aus den Jahren 1802–03, das Gedicht *Schönheit und Liebe* und die *Geschichte eines Braminen* zeigten schon, daß Günderrodes Leben und Dichten immer ausschließlicher von kompromißlosen Idealen bestimmt wurde, indem sie versuchte, ihre Sehnsucht nach der sich ins Unendliche erfüllenden Liebe zu verwirklichen. In dieser Liebe erlebte die Dichterin das Gefühl grenzenloser Hingabe und schrankenloser Freiheit, wo sie sich vom Großen und Wahren begeistern lassen konnte. Während Bettine Brentano Karoline von Günderrodes Suizid einer fatalen Unvollkommenheit in ihrer Naturgläubigkeit zuschrieb und über Günderrode urteilte: «Sie hätt noch lernen müssen, daß die Natur Geist und Seele hat und mit dem Menschen verkehrt und sich seiner und seines Geschickes annimmt und daß Lebensverheißungen in den Lüften uns umwehen»[118], erkannten vor allem Lisette Nees und Savigny die absichtsvolle Tödlichkeit in Günderrodes innerer Entwicklung, die die Dichterin dazu antrieb, ihr persönliches Liebesverlangen absolut zu setzen und sich dadurch den Weg in die konventionelle Standes- und Versorgungsehe zu verstellen, durch die allein sie ihrer fortschreitenden Verarmung hätte entkommen können. Schon frühzeitig hatte Günderrode ihre Absicht geäußert und nie revidiert, ihr eigenes Altern auf keinen Fall erleben zu wollen: «Recht viel wissen, recht viel lernen, und nur die Jugend nicht überleben. – Recht früh sterben!»[119] Deswegen suchte sie in den Mythen der Religionen Asiens und Ägyptens nach Vorstellungen vom Tod als Wiedergeburt, die sie in Gedichten wie *Malabrische Witwen*, *Ägypten* oder *Der Nil* verarbeitete. Diese umfangreichen religionsgeschichtlichen Untersuchungen fanden durch die Beschäftigung Günderrodes mit Schellings früher Naturphilosophie ihren Abschluß. Es erleichterte die Dichterin, ihre Ahnungen

94

von der unendlichen und die Gestalt des Menschen stetig ver-
wandelnden Liebe mit Argumenten der Vernunft bestätigen
zu können, weswegen Clemens Brentano mit Recht dem
Gerücht von Günderrodes selbstzerstörerischer Melancholie
entgegentrat: «Sie ist nichts weniger als unglücklich oder traurig, sie ist recht ernsthaft und hat an Bestimmtheit gewonnen.»[120] Wie Schelling philosophierte Günderrode aus ihrem
Bedürfnis nach der Überwindung der Urspaltung von innerem
Bewußtsein und äußerer Welt. Die Dichterin wollte die Einheit von Ich und Welt denken und zugleich erleben. Und sie
wollte dieses Erleben schreibend mitteilen. Dabei ging sie in
der Nachfolge Schellings einen Schritt weiter als ihr Vorbild.
Schelling fand auf seiner Suche nach der Einheit von Ich und
Welt die Idee der Philosophie von der Natur. Günderrode dagegen wollte die Idee der Natur als Subjekt finden. Schelling hatte in seinem Konzept von der die gesuchte Einheit im Suchen
erschaffenden Vernunft das Denken selbst als Tat der Freiheit
verstanden, mit der der Mensch in der dialektischen Bewegung von Schaffen und skeptischem Verwerfen des Gedachten
die Spaltung des Bewußtseins aufheben konnte. Karoline von
Günderrode erkannte, daß das Denken erlebt wird und sich die
Vernunft deshalb niemals einen Sinn schaffen kann, den sie
nicht selbst zerstört. Deshalb kehrte sie zum Glauben zurück,
um die Sprache des Lebens direkt zu verstehen: *Aber was ist es
doch das Leben? dieses schon aufgegebene Gut! so frag ich mich oft:
was bedeutet es, daß aus der Allheit der Natur ein Wesen sich mit solchem Bewußtsein losscheidet, und sich abgerissen von ihr fühlt?
Warum hängt der Mensch mit solcher Stärke an Gedanken und Mei-
nungen, als seyen sie das Ewige? Warum kann er sterben für sie, da
doch für ihn eben dieser Gedanke mit dem Tod verloren ist? und warum, wenn gleichwohl diese Gedanken und Begriffe dahin sterben mit
den Individuen, warum werden sie von denselben immer wieder aufs
neue hervorgebracht und drängen sich so durch die Reihe der Geschlechter zu einer Unsterblichkeit in der Zeit?* (SW I, S. 359) Wenn
aber das Wissen die Frage nach der Ursache allen Wissens
nicht beantworten konnte, dann gab es keine vernünftige Idee,
die ihrem Leben eine Orientierung geben konnte. Karoline

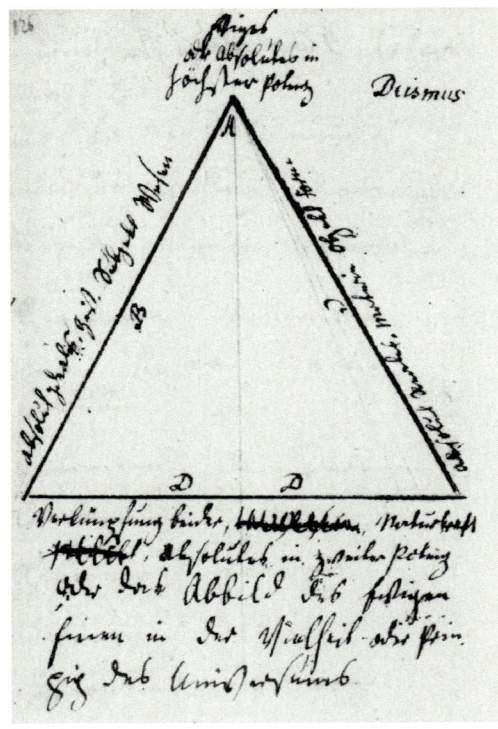

von Günderrode sah sich ihren wechselnden Gefühlen ohne jede ideelle Kontrolle ausgeliefert. Was sie jetzt als wahr an sich oder an einem Gegenstand außerhalb ihrer Sinne erlebte, war jetzt wahr und konnte es im nächsten Moment schon nicht mehr sein. Von diesem Chaos aus unvermittelten Momenten der Evidenz und der Leere fertigte sie in ihren Gedichten, Briefen und lyrischen Dramen Skizzen an. Auch Günderrodes bündigste philosophische Summe, *Die Idee der Erde*, geht nicht von einer diskursiven Entscheidung aus, sondern gründet auf dem existentiellen Entschluß der Dichterin, die Erde als einen materiellen Mechanismus zu begreifen, der im Zusammenhang des Alls wahrscheinlich einer Vollendung entgegendriftet, von der Günderrode keine inhaltlichen Vorstellungen hatte. In einem Traum fand sie zu der Formel: *Eine ewige*

kalte Nothwendigkeit regiret die Welt, kein freundlich liebend Wesen.
(SW I, S. 444) In dieser Weltordnung machte darum ein Ich keinen Sinn, und die Dichterin gab Schellings transzendentales
Ich auf. Damit nahm sie dem Bewußtsein des Menschen sein
Zentrum und seine Grenzen. Als Charlotte starb, hatte Karoline von Günderrode noch die Kontinuierlichkeit des Ich gefordert, um ihm die Unsterblichkeit zu sichern. Bei Amalies Tod
schwieg sie sich aus. Nach Savignys Hochzeit tauchte Günderrode in die Alleinheit von Schellings unpersönlichem Gott ein
und erlebte die Einheit von Geist und Materie als Zertrümme-
rung des persönlichen Ich, wie sie selbst schrieb: *Zugleich dank-
te ich dem Schicksal, daß es mich solange hatte leben lassen, um etwas von Schellings göttlicher Philosophie zu begreifen, und was ich
noch nicht begriffen, zu ahnen; und daß mir wenigstens vor dem Tode der Sinn für alle himmlischen Wahrheiten dieser Lehre aufgegan-
gen sei; denn ich gedachte jener Stelle aus Sophokles: «O, der Sterblichen Glückselige, welche die Weihung erst schauten, dann wandlen
zum Hades, denn ihr Anteil allein ist es, dort noch zu leben.»*[121] Diese Briefstelle spielt auf Schellings Dialog «Bruno» an, in dem
die Überlegenheit der Sterne über den Menschen nachgewie-
sen wird. Günderrode verlegte die Identität von Seele und Leib
in den Organismus der Erde, den sie mit einem blinden Willen
zur Perfektibilität ausstattete. Geist als Erdgeist, Ewige Natur
oder Naturgeist waren nicht mit Selbstbewußtsein ausgestat-
tet und wurden mit dem materialistisch-organisch organisier-
ten Korpus der Erde zu einer Bewegung verflochten, die man
als vitalistischen Monismus bezeichnen kann. Diese inhaltslo-
se Bewegung nannte Günderrode das *Vortreffliche*, mit dem zu
verschmelzen das Ich auf der Welt sei. Deshalb konnte es keine
Liebe zu Personen geben, sondern nur die Liebe zum Vortrefflichen, das nichts anderes als das reine, einfache, dynamische
Dasein und Sosein der Erde als Möglichkeit und Wirklichkeit
war. Mit der Aufgabe des transzendentalen Subjektes verloren
die Dinge ihre von Menschen in sie projizierte Wesenheit, und
das Ich brauchte sich an ihnen nicht mehr über sich selbst zu
täuschen. Die Natur des Geistes fiel mit der Dynamik der Materie zusammen. Als absolut einfacher, stummer und auf der

Bewegung unendlicher Annäherung von Unendlichem und Endlichen im Kosmos basierender Impuls hing das Schicksal des Geistes nicht mehr, wie noch bei Schelling, vom qualitativen Sprung vom Bewußtlosen zur Selbsterkenntnis ab, sondern von der Intensität, mit der das entselbstete Ich in die Verschmelzung der Elemente eingefügt wurde. Der Tod wurde so zur ethisch bedeutsamen Nagelprobe für das Individuum, indem er offenbarte, inwieweit es dem Menschen gelungen war, *vortrefflich*, das heißt mit der Natur eins geworden zu sein. Karoline von Günderrode stellte sich den Tod als Rückgabe des eigenen Elementarlebens an die Erde vor. Wenn der Mensch die Erde ungeteilt und selbstlos geliebt hatte, dann hatte er ihre Elemente in seinem Naturleib auf eine höhere Ebene transponiert und an der Wandlung der Erde teilgenommen. Dementsprechend billigte Günderrode dem Ich kein höheres Sein zu als jedem anderen Element der Natur. Das Ich war nicht mehr als seine eigene Konzentration auf die notwendige Tendenz zur Verwandlung der bewußtlosen Naturelemente in materialisierten, monistischen Geist. Kunst konnte für die Günderrode in diesem Menschenbild ebensowenig ein Thema sein wie ihre angebliche Todessehnsucht. Sie hatte unter dem Eindruck der brüchigen Kontinuität ihres eigenen Ich, aus der die bürgerliche Gesellschaft beherrschenden Ideologie von der selbsttüchtigen pragmatischen Identität die Konsequenz gezogen und mit dem zeitgenössischen Königsweg der Erkenntnis, dem frommen Abstieg in die eigene Seele, radikal gebrochen. Ihr naturphilosophischer Ansatz entwickelte die Diskontinuität einer im Zufall des Erlebens begründeten Identität, die keinen gewinnorientierten Lebensweg kannte, weder den der Anhäufung von Gut noch den der Ansammlung von Tugend oder Erkenntnis. Logisch entwickelte Günderrode aus ihren Prämissen die Tugenden der Auslöschung des Ich: *alle einzle Tugenden und treflichkeiten sind also blos Bestrebungen des Erdgeistes sich jenem Zustand (so viel noch in der Einzelheit geschehen kann) näher zu bringen, durch jegliche Wahrheit, Gerechtigkeit, Schönheit und Tugend wird er sich selbst gleicher, harmonischer, und von den Banden der Persönlichkeit freier [...]. Was aber immer sich selbst gleich, mit sich harmonisch, nicht in die Einzelheit zerrissen ist, das ist unsterblich.* (SW I, S. 449) Die Dichterin hatte sich die Frage nach der Unsterblichkeit beantwortet. Am Ende verhielt es sich anders, als sie ins Studienbuch notiert hatte. Günderrode mußte ihr Ich aufgeben. Aber nicht irgendein ihr fremdes Ich wurde dann unsterblich; nichts von ihr wurde es, außer den Elementen, weil sich in ihnen der Erdgeist *durch seine Sehnsucht nach bessrem Leben […] durch Empfänglichkeit für das Vortrefliche ausspricht* (SW I, S. 449).

Karoline von Günderrode war von ihrer Sehnsucht nach Authentizität im Dichten und Leben besessen, und ihr Menschenbild mußte sie mit der zeitgenössischen Theorie vom dramatischen Helden in Widerspruch bringen, weil es einen paradoxen Helden verlangte, der sich durch die Aufgabe seines Persönlichkeitskerns selbst behauptete. Die Dichterin konnte den dramatischen Konflikt nicht mehr als den des Helden zwischen Pflicht und Neigung gestalten. Günderrodes Held bestätigte nicht mehr seine Freiheit, indem er den Spruch des Schicksals über sein Geschick anerkannte, wie es Schelling gefordert hatte. Zunächst flocht Günderrode den lyrischen Ton in die Rede ihrer Dramenfiguren ein, was ihr im Nachruf vom 13. Juni 1807 in der «Jenaischen Allgemeinen Literaturzeitung» als unzulässige Verweiblichung der männlichen Gattung des Dramas vorgeworfen wurde: «Caroline von Günderrode […] wollte dichten als Weib im männlichen Geiste. Ihr Streben ging nach dem Idealen in der romantischen Kunst. Aber die weibliche Natur in ihr ließ sie jenes – das Bewußte ihrer Absicht, dieses Ziels verfehlen. In einer kraftlosen Mitte erlahmte ihr Flug.» (SW III, S. 113)

Im April 1805 veröffentlichte Karoline von Günderrode, wieder unter dem Pseudonym «Tian», bei Friedrich Wilmans in Frankfurt am Main ihr zweites Buch, *Poetische Fragmente*. Im Zentrum dieser ohne erkennbares Prinzip zusammengestellten Sammlung steht mit 80 Prozent des Textumfangs das Drama *Mahomed*. Wie schwer schon Günderrodes Zeitgenossen die Einordnung des *Mahomed* fiel, läßt sich an der Gattungszuweisung des Stückes ablesen, für das neben der Be-

zeichnung «Drama» auch «Fragment in Dialogen» und «Trau-
erspiel» vorgeschlagen worden war, obwohl der *Mahomed*
in seiner Deklamations-
form, seiner Verwendung
des Chores und in der Figu-
renführung bewußt als Drama konzipiert ist. Während
des Schreibens wandte sich
Karoline von Günderrode
an Lisette und Christian
Nees und ließ sich von ihnen maßgeblich beraten. In
seiner scharfsinnigen brief-
lichen Kritik vom 25. April
1804 zeigte Nees Günder-
rodes Abweichungen von
der klassischen Dramen-
form auf. Gleichzeitig for-
muliert seine Kritik die De-
finition des lyrischen Dramas, das die Dichterin von
der Gesellschaft unbemerkt
mit ihrem *Mahomed* und
ihren anderen Dramen *Ma-*

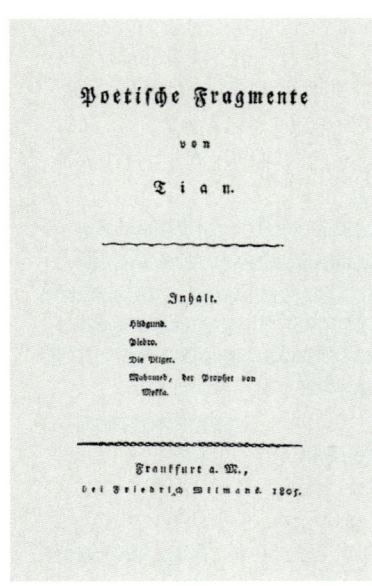

«Poetische Fragmente». Titelblatt des Erstdrucks von 1805

gie und Schicksal, Udohla, Hildgund oder *Nikator* entwickelt hatte.
Auch Nees entging die geschichtsphilosophische Einsicht
Günderrodes, die das lyrische Drama als Form hervorbringen
mußte. Nees war von der Schellingschen Kunstphilosophie geprägt und nahm daher an, daß sich Natur und Geschichte einer
ihnen innewohnenden Ordnung gemäß entwickelten. Dieser
Ordnung entsprechend ließ sich eine feste dramatische Form
finden, die das tragische oder komische Geschehen aufnahm.
Daher war die Setzung eines Anfangs, einer Mitte und eines
Endes zur Darstellung des dramatischen Konfliktes eines frei
verantwortlichen Helden für Nees kein geschichtsphilosophi-
sches Problem. Im Unterschied zu Nees erfuhr Günderrode ihre
Umwelt und die Geschichte ihrer Zeit in der Rolle der Frau weit

einschneidender als Opfer. Für sie war der Verrat des französischen Volkes durch seine Unterwerfung unter Napoleon und durch die Billigung seiner Machtherrschaft der Beweis gegen die These einer sinnvollen Entwicklung in der Geschichte. Es hätte ihr daher nahegelegen, *Mahomed* in der Tradition des von Goethe übersetzten Voltaireschen «Mahomet» als finsteren Realpolitiker und Machtmenschen zu schildern. Aber Karoline von Günderrode gestaltete ihren Religionsgründer als innerlich widersprüchlichen Diener seiner eigenen Utopie von der Aufhebung aller Religionsgegensätze in dem einen Glauben an den einen Gott. Ihr Held wird das politische Opfer seiner eigenen metaphysischen Vision. Die Durchsetzung seiner Utopie mit politischen Mitteln stürzt Mahomed immer von neuem in innere Krisen, die die Dichterin in der Form lyrischer Monologe auf die Bühne brachte.

Seiner Bindung an die historische Wirklichkeit der von Napoleon geprägten Umbruchszeit, in der es entstand, gehorcht das Stück insofern, als sein Schluß offen blieb, weil Mahomeds Utopie aus Günderrodes Sicht weder gescheitert noch verwirklicht war. Deshalb verkörperte sie Mahomeds dramatisch gespaltenes Bewußtsein als hochreflexives lyrisches Ich, denn Helden, deren Selbstprüfung sogar im Dilemma die Überantwortung der eigenen Freiheit in die Macht einer absoluten Instanz verbot und die daher das Zögern dem Handeln vorzogen, taugen nicht als «dramatis personae» im klassischen Sinn. In Krisenzeiten revolutionierender Erfahrungen hat die Kluft zwischen

Koalitionskriege gegen Frankreich

1792–1797: Erster Koalitionskrieg; 1792 Goethe erlebt die Kanonade von Valmy. Frankfurt wird 1792 und 1796 von den Franzosen besetzt.

1799–1802: Zweiter Koalitionskrieg; Napoleon stürzt das Direktorium und wird Konsul auf Lebenszeit.

1805: Dritter Koalitionskrieg; Baden und Württemberg mit Frankreich verbündet; Napoleon zieht in Wien ein.

1806/07: Vierter Koalitionskrieg; Preußens Zusammenbruch; Günderrodes reichsunmittelbare Herrschaft Höchst an der Nidder aufgelöst.

dem Anspruch auf das Recht, nach eigenem Wissen gewaltsam in die Welt einzugreifen, und dem durch und durch fragwürdigen Sinnhorizont den Handlungsimpuls des Helden schon gespalten, bevor er seine Hand erhebt. Karoline von Günderrode erlebte diese Zerrissenheit am eigenen Leib und notierte folglich aus allen Dramen Shakespeares nur den Hamlet-Monolog in ihr Studienbuch. Den *Mahomed* hatte Günderrode vor ihrer intensiven Lektüre des Schellingschen «Bruno» fertiggestellt. Schellings Nachweis der überlegenen Vollkommenheit der Sterne gegenüber der der Menschen öffnete der Dichterin die Augen für die Gestaltung mitleidloser Helden, deren moralische Skrupel gegenüber dem gesetzmäßigen Walten ihrer inneren Natur gegenstandslos werden. Der Dialog zwischen Ligares und seinem Vater, dem Magier aus *Magie und Schicksal*, verdeutlicht programmatisch, wie Günderrode sich die Gesetzmäßigkeit und das Ideal menschlichen Wollens und Handelns vorstellte. Ligares höhnt:

> *Entscheiden sollten die Sterne, was ich darf?*
> *Und über meinen Werth und Unwerth richten?*
> Sein Vater; der Magier, warnt ihn:
> *Nicht weil die Menschen handeln, kreisen Sterne:*
> *Die Menschen wandlen nach der Sterne Lauf.* (SW I, S. 235)

Wenn der Lauf der Sterne des Menschen Handeln bestimmte, mußte Günderrode die Frage nach dem dramatischen Ziel ihrer Helden anders stellen. Gemäß der Einsicht in die Forderung, das eigene Ich aufzugeben, konnte dieses Ziel nur jenseits der Geschichte liegen, wie es in Schellings «Bruno» als Ideal der Identität von Sein und Denken gefordert wurde. «Vom relativen Wissen aus wird das Urreale in die Ethik, die Speculation aber [...] an die Pflicht verwiesen. Hier erscheint die Einheit des Denkens mit dem Seyn erst kategorisch und absolut, aber weil die absolute Harmonie der Wirklichkeit mit der Möglichkeit in der Zeit nie möglich ist, nicht absolut gesetzt, sondern absolut gefordert, für das Handeln also als Gebot und unendliche Aufgabe, für das Denken aber als Glaube, welcher das Ende aller Spekulation ist. [...] Nachdem die absolute Einheit des Denkens und Seyns einmal nur als Forderung existirt, so ist sie auch überall, wo sie ist, in der Natur z. B., nur

durch das Sollen und für das Sollen. Dieses ist der Urstoff nicht nur alles Handelns sondern auch alles Seyns. Nur für die Ethik hat die Natur eine spekulative Bedeutung.»[122] Mit dem Menschenbild verschob Karoline von Günderrode die Tragik ihrer Helden. Im klassischen Drama forderte der außergewöhnlich begabte Held durch seine Hybris den Zorn der Götter und seiner Mitmenschen heraus und scheiterte an seinem Übermaß an Kraft und Schlauheit, das dennoch den Listen der Götter unterlegen war. Im Untergang des Helden erfüllte sich sein Schicksal. Günderrodes lyrische Helden dagegen erleben ihre Tragik bereits im Wollen, das durch die bewußte Fragwürdigkeit jeder unvollkommenen Tat jede Handlung schon vor ihrer Ausführung unterläuft. Daher können Günderrodes lyrische Helden in der beschränkten Endlichkeit ihrer natürlichen Beschaffenheit die Harmonie von Sollen und Handeln niemals erreichen. Es ist ihnen unmöglich, ihren irdischen Weg in der

103

Vollkommenheit zu gehen, in der die Sterne ihre Bahn am Himmel ziehen.«Da also jeder Weltkörper das ganze Universum in sich darzustellen nicht nur bestrebt ist, sondern es wirklich darstellt, so sind auch alle zwar unendlicher Verwandlung gleich einem organischen Leibe fähig, an sich selbst aber unverderblich und unvergänglich, frei ferner, unabhängig wie die Ideen der Dinge, losgelassen, sich genügend, mit Einem Wort selige Thiere und, verglichen mit sterblichen Menschen, unsterbliche Götter.»[123] Aus Schellings Beobachtung leitete Günderrode für ihre Dramenfiguren das Ideal des sternengleichen Helden ab, dessen unbezwingbare Kraft aus der Identität seines Willens mit der nicht wie bisher persönlichen, sondern kosmischen Natur kommt, wie es bei Schelling entworfen ist: «Denn das, wodurch sie sich absondern und entfernen von dem Abbild ihrer Einheit, und das, wodurch sie aufgenommen werden in den unendlichen Begriff, ist in ihnen nicht getrennt, wie in den irdischen Dingen, oder in streitende Kräfte gesondert, sondern harmonisch verknüpft, und wie sie allein wahrhaft unsterblich sind, genießen sie allein auch in dem abgesonderten Daseyn die Seligkeit des Universums.»[124] Also mußte die Dichterin in ihren Dramen zeigen, daß die ethisch und menschlich idealen Helden wie die Sterne handeln. Damit beantwortete sie die klassisch dramatische Frage, ob der Mensch frei nach eigenen Prinzipien lernen und sein Dasein bestimmen könne, mit einem Nein. Günderrodes dramatische Visionen nach dem *Mahomed* spielen durch, was wäre, wenn ein Mensch wie ein Komet in die Gesellschaft einschlüge und ungeachtet aller ethischen, politischen und sittlichen Normen Ordnung schaffte. Ligares rechtfertigt sich nach seinem Brudermord noch wie einer, der über sich wegen seiner eigenen Durchsetzungskraft fremd geworden ist:

> *Ein Ungeheuer würd' ich scheinen dir*
> *Doch fluch mir nicht; es hat mich zum Verbrechen*
> *Des Schicksals Wille deutlich selbst geführt.* (SW I, S. 275)

In Hildgund, der Heldin des gleichnamigen Stücks, stehen wir einer selbstbewußten Frau gegenüber, die um ihre kaltblütige Kraft der ihr innewohnenden Gesetzmäßigkeit weiß:

> *Der Gott, der mich befreit, wohnt in dem eignen Herzen,*
> *Wer seiner Stimme traut, dem ist die Rettung nah.*
>   (SW I, S. 98)

Den Auftrag, das Vaterland zu retten und ihren Geliebten zu erlangen, indem sie Attila tötet, gibt sich Hildgund selbst. Ihre Antwort auf die ethische Rechtfertigung des Tyrannenmordes läßt sie wie einen Killer erscheinen:

> *Mord! Ha der Name nur entsetzet,*
> *Die That ist recht, und kühn und groß,*
> *Der Völker Schicksal ruht an meinem Busen,*
> *Ich werde sie, ich werde mich befrein.* (SW I, S. 99)

Deutlicher wird Karoline von Günderrodes Absicht mit ihren Helden im *Nikator*. In diesem Stück knüpfte Günderrode die Verflechtung eines höheren Wertes mit der Mordtat, die er heiligen soll, noch lockerer. Nikator erhält zum Lohn für seinen Sieg nicht die ihm von seinem König versprochene Tochter des besiegten Königs, Adonia, als Prämie. Er liebt sie aber und mißgönnt sie seinem Herrscher, der für Adonia seine Frau vom Thron stößt. Nikator lehnt sich auf. Der König beschließt in einer Nikator enthüllten Intrige dessen Tod. Nikator könnte fliehen. Aber er muß Adonia gewinnen.

> *Ist er der Fels? Wohlan*
> *Ich bin die Welle*
> *Die brandend sich an seiner Stärke reibt;*
> *Schwer soll ihm diesmal die Dauer werden*
> *Denn ich bin fest, wie die Nothwendigkeit.* (SW I, S. 287)

In den Naturmetaphern spricht sich das planetare Bewußtsein des Helden aus. Logischerweise braucht Adonias Schicksal Nikator nicht als Vorwand für einen Mord zu dienen, und Adonia verwahrt sich dagegen, daß Nikator die Legitimität für sein brutales Vorgehen aus ihrer Schwachheit zieht.

> *Ich dulde nicht, daß Du mich so behauptest,*
> *Denn hassenswerth soll unser Bund nicht seyn.*
> *Ich geh' zum König, was das Schicksal sinne;*
> *Ich bleibe Dein, vertraue meinem Muth.* (SW I, S. 291)

Nikator nimmt auf Adonias Willen weder im Unterlassen noch im Vollzug seiner Handlung Rücksicht. Anstatt sein Leben aus der Gefahr der gegen ihn gesponnenen Intrige zu retten, sucht Nikator den König auf und sticht ihn nieder. Auf die Frage, warum er das getan habe, sagt er, daß das alles gewesen sei, was er in dem Augenblick gewollt habe:

> *Fordert ihr mein Haupt*
> *Für diese That? Ich bin bereit zu sterben,*
> *Denn was ich wollte, hab' ich nun erreicht.* (SW I, S. 300)

Karoline von Günderrode ließ auch dieses Drama offen. Wir brauchen über Nikators Geschick, ob er getötet wurde oder nicht, nichts weiter zu erfahren, weil er sein dramatisches Ziel, durch die absolute Tat seinem Innern Einheit zu verleihen, erreicht hat:

> *Ich wollte nicht durch Mord dem Tod' entgehn,*
> *Ein größ'res Unheil mußt ich von mir wenden,*
> *Das dieser Todte frevelnd auf mich lud.* (SW I, S. 301)

Das Unheil bestand darin, daß der Held im Abweichen von der Bahn seine Sternnatur zu verlieren drohte. Günderrodes Held muß sich selber setzen, wenn er dramatische Wirklichkeit erlangen soll. Doch anders als der klassische Held trägt ihr Held seinen dramatischen Auftrag nicht als Kampf um die persönliche Vervollkommnung gegen gesellschaftliche Normen aus. Der sternengleiche Held hat nur die Aufgabe, sich seines persönlichen Wollens zu entledigen. Daher schauen wir in einem Günderrodschen Drama einer Hauptfigur bei der nicht einmal mit dem Tod vollendeten Entselbstung zu, weshalb in der prinzipiell unerfüllbaren Forderung nach der Selbstsetzung des Helden durch die absolute Identität von gesollter und vollbrachter Tat der offene Schluß und logischerweise auch der offene Anfang ihrer Dramen begründet ist. Jede unvollkommen vollbrachte Tat zieht eine als nächstes geforderte Tat nach sich. Zudem ist der tragische Schluß nicht mehr notwendig, sobald die tragischen Konflikte des Helden von seiner äußeren Selbstbehauptung nach innen in seine gespaltene Natur verlegt werden, wo er als ihm selbst unverfügbares kosmisches Handlungsmotiv mit der Quelle seiner Kraft identisch ist. Die tragische Logik lyrischer Dramen lautete bei Günderrode: Fällt im Helden sein Wesen mit dem universalen Gesetz zusammen, erlangt er unwiderstehliche Kraft und bewegt sich auf einer Bahn, die nicht mehr beeinflußbar ist. Insofern siegt er zwar auf der geschichtlichen Ebene über sein Schicksal, aber er ergibt sich dafür der ewigen Notwendigkeit des Universums und dessen Ordnung und verliert mit seinem Bewußtsein seine Freiheit. Bewußtsein erlangt nur der Held, der seine Bahn nicht durchsetzen kann. Aber dieser Held ist für die Dichterin kein Thema, weil scheiternde Helden nicht besungen werden.

Karoline von Günderrodes Liebe zu Friedrich Creuzer

Karoline von Günderrodes *Nikator* war Oktober 1805 im
«Taschenbuch für das Jahr 1806» erschienen. An seiner
Konzeption war Friedrich Creuzer maßgeblich beteiligt gewesen. Günderrode hatte ihn Anfang August 1804 in einer Phase
gesellschaftlicher Vereinsamung kennengelernt. Ihre Freundinnen Lisette Nees und Gunda Brentano waren aus Frankfurt
fortgezogen. Zudem trat bei einem Besuch Gunda und Friedrich Karl Savignys am 8. oder 9. Juni 1804 eine Verstimmung
ein, so daß Günderrode Savignys Einladung nach Trages ab-
lehnte. Zu Clemens Brentano hatte Karoline von Günderrode
wieder Briefkontakt, aber Brentano hatte sich mit seiner Frau
Sophie in Heidelberg niedergelassen. Seine Schwester Bettine
entwickelte sich nicht zu einem gleichwertigen Ersatz für die
verlorenen Freunde und Freundinnen. Susanne von Heyden
stand der Dichterin zwar emotional sehr nahe, aber auch sie
konnte die Verluste nicht ausgleichen. In Hanau war das Haus
Louise von Günderrodes seit dem Tod ihrer Töchter Louise,
Charlotte und Amalie und Wilhelmines Auszug verwaist. Karolines Bruder Hektor von Günderrode war 1804 von Marburg
nach Heidelberg gegangen, um dort sein Studium der Kameral-
und Forstwissenschaft fortzuführen. Die Heidelberger Universität wurde in den Jahren der Jahrhundertwende mit großem
personalem Aufwand reorganisiert. Zu diesem Zweck berief
man vielversprechende Nachwuchskräfte, die für wenig Geld
eine Menge Arbeit leisteten, nach Heidelberg. Zu diesen Professoren gehörte auch der evangelische Theologe Karl Daub
(1765 – 1836), der 1795 seine Professorenstelle in Hanau auf-
gab, um nach Heidelberg zu gehen, wo er 1796 Karoline von
Günderrodes Hanauer Jugendfreundin Sophie Blum heiratete.
Sie erinnerte sich wohl aufgrund des Tratsches der nach Heidelberg gezogenen Hanauer und Frankfurter an ihre ehemali-

ge Hanauer Freundin Karoline von Günderrode und lud sie
1804 nach Heidelberg ein. Diese zögerte nicht lange und kam.

Von Friedrich Creuzers Kollege Karl Philipp Kayser
(1773–1827) ist eine genaue Beschreibung der Umstände erhalten, unter denen Günderrode mit dem Altertumsforscher
Creuzer bekannt geworden ist: «5. August. Wir gedachten, am
Abende einen Spaziergang mit Brentano, Daub, Creuzer, Loos
zu machen und dann im Hausacker unter den dichten Bäumen
ein frugales Symposium zu halten. Aber es kam etwas dazwi-
schen, das auch nicht übel war. Die Dichterin Günderode, welche eine Familie in die Neckargegenden begleitete, war gestern

Blick vom Philosophenweg auf Heidelberg. Foto, vor 1897

morgen hier angekommen. Als wir unsern Spaziergang vornehmen wollten, und deßwegen zu Creuzern gegangen waren, fanden wir sie da, aber im Begriffe, mit Brentano und Daub spazieren zu gehen. Doch kam gegen acht Uhr Brentano in den Hecht, wo wir bis tief in die Nacht beisammen saßen. Heute nachmittag war aber auch uns das Glück, ihrer Gesellschaft zu genießen. In einer großen Gesellschaft (denn außer den Genannten kamen noch der Bruder der Dichterin, der Mahler Kraft von Hanau, der Prof. Posselt, Creuzers Frau und Tochter dazu) gingen wir nach dem Stifte, lagerten uns hinter demselben in dem Wäldchen, welches man passirt, wenn man nach dem Fürstenweiher gehet, und ließen uns durch Brentanos Gesang und Zitherspiel ergetzen. Fräulein Günderode ist durch Anspruchslosigkeit und Einfachheit liebenswerth. Nach Brentanos Versicherung ist sie eine tiefe Denkerin und liest viel. Aber aus ihrem Umgange war dieses nicht abzunehmen, so wenig legte sie ihren Kram aus und zierte sich doch auch nicht. Was ihre Gestalt anlangt, so ist sie groß, wohlgewachsen, nicht gerade schön, aber auch nicht häßlich. Als Brentano ihr das Lesen des Schelling verwies, sagte sie, sie müsse Ideen haben. Die hiesige Gegend gefiel ihr sehr. Wir hatten uns beim Hausacker übersetzen lassen und gingen über den Berg und das Schloß zurück.»[125] Die Dichterin hatte Verbindung zu Bekannten in Heidelberg und hatte wahrscheinlich durch Karl Daub von Friedrich Creuzer sprechen hören. Daub war einer der besten Freunde Creuzers und brachte mit ihm zusammen die wissenschaftliche Zeitschrift «Studien» heraus. Aber gesehen hatte Günderrode Creuzer vor diesem Ausflug wahrscheinlich noch nicht. Sie wußte ziemlich sicher, daß der neun Jahre ältere Creuzer unglücklich mit der dreizehn Jahre älteren Sophie (1758–1831) verheiratet war. Creuzer machte kein Hehl daraus, daß Sophie von ihm die Erfüllung der Ehepflichten verlangte, wie er Savigny am 6. November 1804 mitteilte: «Es betrifft meine Frau. Das meiste mag wahr sein, was Sie von ihr Gutes glauben. Aber das eine ist bestimmt unrichtig, wenn Sie glauben konnten: sie werde, zufrieden mit meiner Freundlichkeit, nicht begehren daß ich sie auch als Weib liebe.»[126] Günderrodes Konkurrentin war also zweiundzwanzig Jahre älter als sie. Creuzer hatte die Witwe seines verstorbenen Marburger Professors Nathanael Leske 1799 sicher auch aus Dankbarkeit geheiratet. Aber sie brachte ein kleines Vermögen mit in die Ehe, von dem die Familie in Notzeiten lebte. Der finanzielle Rückhalt beruhigte den ängstlichen Creuzer, der, am 10. März 1771 als Sohn eines Marburger Buchbinders geboren, nur durch die finanzielle Unterstützung von Freunden hatte studieren können. Zu diesen Freunden gehörte auch Savigny. Creuzers enge Beziehung zu Savigny wurde durch diese finanzielle Abhängigkeit zeitweise schwer belastet, denn Schulden empfand Creuzer als persönliche Demütigung. Trotz Creuzers intensiver Anstrengungen verhinderten die häufigen, durch Kriege bedingten Verdienstausfälle lange, daß er die geliehenen Summen zurückzahlen konnte. Savigny war einige Tage nach dem von Kayser beschriebenen Ausflug mit Gunda nach Heidelberg gekommen, wo Karoline von Günderrode sie Ende August besuchte. Daß sie in der Zwischenzeit nach Frankfurt

zurückkehrte, ist eher unwahrscheinlich, sie hat wohl den gesamten August in der Nähe Creuzers verbracht. Ende September suchte sie ihn wieder in Heidelberg auf, von dort aus besuchte sie mit ihm die Aufführung von Schillers «Jungfrau von Orleans» in Mannheim. Aber die beiden blieben nicht unbeobachtet. Günderrodes Veröffentlichungen und Creuzers Universitätslehrstuhl lenkten das allgemeine Interesse auf jeden ihrer Schritte. So kam es, daß nicht nur Savigny und Daub über die beginnende Liebesbeziehung der beiden wachten. Savigny verlangte von Anfang Rechenschaft über den Grad der Intimität des Verhältnisses, weil er fürchtete, daß sowohl Günderrode als auch Creuzer durch die zu befürchtende Heftigkeit

ihrer Leidenschaft zum Gespött der Leute werden und dadurch Schaden an Ruf und Gut nehmen würden. Denn Creuzer setzte durch eine außereheliche Affäre seinen Lehrstuhl aufs Spiel, während Karoline von Günderrode durch ihre Beziehung zu Creuzer ihren Anspruch auf ihr Erbe und auf ihre Bezüge aus den Liegenschaften des ohnehin abgezehrten Vermögens riskierte. Zu der öffentliche Kontrolle über ihre Beziehung kam Creuzers Abhängigkeit von Sophie belastend hinzu, die ihn im August 1805 für einen einzigen Tag allein ließ. Creuzer wußte nicht einmal, wo die Haustürschlüssel waren. Er konnte nicht wirtschaften und war in dieser Hinsicht seiner Frau völlig ausgeliefert. Sophie Creuzer nahm keine feste Haltung zum Liebesverhältnis der beiden ein. Mal willigte sie in eine Scheidung ein, dann zog sie ihr Angebot wieder zurück. Karoline von Günderrode empfand zu viele Skrupel, als daß sie Creuzer gegen den Willen seiner Frau zur Scheidung bewogen hätte. Creuzer durchschaute seine Stellung zwischen den beiden ungleichen Frauen. Aber weil er zum Handeln unfähig war, erwartete er von einer der beiden Frauen die Lösung des Problems. An seinen Vetter Leonhard Creuzer schrieb er im Mai 1805: «Du siehest, daß hier 2 Personen aufgeopfert werden, weil sie eine dritte nicht aufopfern können.»[127] Aber man kann Creuzer nicht einfach Schwäche vorwerfen. Aus seinem Briefwechsel mit Savigny und seinem Vetter geht hervor, wofür er seiner schwachen Gesundheit Tag für Tag neue Kräfte abringen mußte. Creuzer war voll in den Aufbau der Heidelberger Universität eingebunden. Neben seiner Vorlesungstätigkeit, die teilweise um sechs Uhr morgens begann, beschäftigte er sich mit Berufungen, Gehaltsfragen, Konzeptionen von Stoffplänen, Lehrstuhlorganisation und den üblichen Intrigen. Die Zeit, um Günderrodes Briefe zu beantworten, ihre Werke zu lesen und ihr Schaffen zu betreuen, mußte er von seinem Schlaf abziehen. Karoline von Günderrode konnte sich in seine bedrängte Lage nicht hineinversetzen. Deshalb vermied sie ebenso wie Creuzer am Anfang jedes Aufkeimen einer Liebe, von der sie beide wußten, daß sie gegen ihre Umwelt nicht würde durchgesetzt werden können. Am 6. November 1804 schrieb Creuzer an Savigny, seine Verbindung zu Günderrode habe «sich selbst in eine wenn gleich zarte, doch sehr ernsthafte Freundschaft aufgelöset. Das ist bestimmt der Charakter in dem jetzt eines gegen das andere handelt. Die bestimmtesten Erklärungen der G. haben mir im Verhältniß gegen sie diese Stelle angewiesen, und auch ich habe eingesehen, daß dies die rechte Stelle für mich ist. [...] Wir beide fühlen, daß eine Ehe nicht das beste für uns wäre.»[128] Doch entspricht Creuzers Vorsatz nicht dem Zustand seiner Gefühle. Creuzer wurde von erotischen Phantasien geplagt; er fühlte sich in seiner Ehe mit der alternden Sophie eingesperrt und um seine Jugend betrogen, wie er im Postskriptum des Briefes an Savigny gesteht: «Indem ich meinen Brief nochmals durchlese, finde ich es noch nötig zu bemerken: daß mich zwar die Jugend an die G. angezogen, u. folglich wenn Sie wollen die Sinnlichkeit. Auch kann ich nun einmal Geist u. Leib in der Liebe nicht trennen. Aber bei Gott das hat mich nicht allein – nicht einmal hauptsächlich hingezogen – sondern ihre Einfalt, ihre Wahrhaftigkeit, ihr Kindlicher Sinn, der sie würdig macht in das Heilige einzugehen, der sich abspiegelt in allen ihren Worten u. Schriften – den sie auch in keinem Moment unserer Bekanntschaft, selbst da wo mir es bitter war, gegen mich verleugnete. Wenn es nun strafbar ist wenn ein Mann (der freilich mit dem Willen, aber durch einen unglücklichen Irrtum in ein unnatürliches Verhältnis dahingegeben ist) diesen jugendlichen Leib u. diese Schätze eines reinen u. reichen Gemütes sich zuzueignen strebte, so bin ich allerdings strafbar. Aber bloß genießen hab ich in dieser Liebe nie wollen. – Wiewohl ich jetzt in einer ruhigen Stimmung der G. gegenüber stehe, wird mir doch immer das Bewußtsein ihres ganzen Wertes bleiben – u. damit folglich – die Trauer über ein großes Entbehren.»[129] Im selben Brief teilte Creuzer Savigny mit, wie er

seinem Begehren nach der Liebe Günderrodes begegnen wollte. Der Brief sagt auch, daß Creuzer von Anfang an wußte, daß
es in seinem Leben zu seiner Begegnung mit Karoline von
Günderrode keine Alternative gab, weshalb ihm das Ereignis
ihrer Bekanntschaft notwendig und schicksalhaft vorkom-
men mußte: «Und wenn ich nun noch hinzufüge, daß meine
Frau, seit der oben bemerkten Annäherung völlig mit mir zufrieden ist, daß sie sogar höchst zärtlich gegen mich, daß sie
völlig heiter ist, daß ihre Gesundheit sich wieder ganz befestigt
hat, so werden Sie ja wohl selbst glauben: ich habe genug
Opfer gebracht. Diesen letzten Gedanken mildere ich mir
durch viele einsame Beschäftigung mit meinen Büchern, wiewohl ich mir kein Mittel sehe jemals zu der Überzeugung zu
gelangen, daß sich die Wissenschaft völlig an die Stelle der
Liebe setzen lasse, wie einmal Ihre Kunigunde behauptete; ein
edler Trost im Unglück kann jene wohl sein.»[130] Nachdem
Creuzer, weil er nicht mit ihr leben konnte, darauf verzichtet
hatte, Karoline von Günderrode sexuell zu begehren, begann
er sie zu überhöhen und anzubeten. Zuerst nannte er Günderrode nur seine «Poesie» oder «mein liebes, liebes Mädchen».
Aber dann verglich er sie mit der Mutter Gottes und verehrte
Günderrode als seine persönliche Maria. Zugleich bezahlte
Creuzer seinen Verzicht mit extremen depressiven Verstimmungen, die er in seinen Briefen an Savigny «Melancholie»
oder «Hypochondrie» nannte und deren Auslöser er in seiner
äußeren Erscheinung suchte, über die Bettine Brentano berichtet: «Häßlich, wie er war, war es zugleich unbegreiflich,
daß er ein Weib interessieren könne.»[131] Auch Günderrode
fand Creuzer häßlich, wie Andeutungen in seinen Briefen an
sie belegen.

Wie wenig Creuzer seine Leidenschaft für die Günderrode
beherrschen konnte, zeigt neben seinen Depressionen auch
sein Brief an Lisette Nees. Günderrode hatte ihrer Freundin
von dem sich anbahnenden Liebesverhältnis geschrieben. Lisette Nees hatte sie zumindest vor einer unangemessen rasch
eingegangenen Intimität gewarnt und dadurch eine tiefgrei-
fende Verstimmung im Verhältnis der beiden Freundinnen

ausgelöst. Welche Art der Intimität Günderrode und Creuzer erlebt hatten und wovon Günderrode Lisette geschrieben hatte, läßt sich nur aus Creuzers Brief vom 26. Oktober 1804 an Günderrode erahnen: «Wie ich aber dennoch an Ihr Herz zu liegen kam? wie ich erwarmen durfte an Ihrem keuschen Busen? Danach soll ich doch wohl jetzt nicht grübelnd fragen. Darüber gibt es keine Frage, dafür gibt es nur Dank […]. Sie konnten mein Weib nicht werden, so helfen Sie mir tragen mein Schicksal. […] Bei Gott: ich will ja nicht wieder begehrlich seyn.»[132] Creuzer mißverstand die Verstimmung zwischen Karoline von Günderrode und Lisette Nees und versuchte in seinem Brief vom 9. November 1804 an Lisette die Schuld für die ausgetauschten Zärtlichkeiten auf sich zu nehmen, um die beiden Frauen dadurch wieder miteinander zu versöhnen: «‹Eine solche Verbindung sollte entweder nie anfangen, oder nie aufhören.› – Damals als ich dies unserer Freundin sagte, lag noch das ganze herrliche Reich unbestimmter Wünsche in zauberischem Nebel vor mir! Jetzt fühle ich es manchmal: dieses Unbestimmte hätte niemals ein Bestimmtes werden sollen, dann wäre mir der zerreissende Widerstreit zwischen Wirklichkeit und Dichtung nie zum Bewußtseyn gekommen. Aber die Liebe müsste aufhören Liebe zu seyn, wenn sie nicht ungenügsam wäre. Es ist mir sehr erfreulich gewesen, diese meine Ungenügsamkeit von Ihnen und Ihrer Schwester – neben Ihrer klaren Einsicht in die bürgerlichen Schwierigkeiten – dennoch gerechtfertigt zu sehen. Lebte ich in einer natürlichen, oder gar so glücklichen Ehe wie Sie, so würde ich den ganzen Werth Carolinens eben so empfunden haben – ohne zu fordern – so aber musste ich Jugend und Liebe begehren. Das ist mein Schicksal – ein Schicksal von mir selbst verschuldet durch eine Gewaltthat gegen die Natur – ein Schicksal, das sich mit finsterer Gewalt fortpflanzt. Der Jüngling, welcher taub gegen die wohlgemeinte Warnung, einmal die entseelte Braut umarmte, wird hernach selbst, entseelt, das Opfer eines jugendlichen Lebens fordern. Es ist recht dass Caroline zur Besonnenheit gekommen – ein guter Geist warnte sie – mir fehlt das Leben jetzt an dem sie erwarmen könnte. Ich will es also lernen sie selbst betrachten als einen Geist – will blos anschauen ihre schlichte Einfalt bei der reichsten Fülle – ihre Demuth bei der Hoheit – ihre Bewusstlosigkeit eignen Werths – ihre Muttergottesnatur, die nicht weis wie ihr geschieht, dass Gott sich in ihr verherrlicht – will mich erhalten in dieser Stimmung der Andacht und mich nicht hingeben dem seeligen Wahnsinn der den Leib besitzen will.»[133]

Auch Karoline von Günderrode versuchte, den Anfang ihrer Liebe zu Creuzer im Keim zu ersticken. Aus ihrem Brief vom November 1804 an Savigny geht hervor, daß sie Creuzer arglos vertraut und seine sexuellen Interessen falsch eingeschätzt bzw. schlichtweg übersehen hatte. Erst als er ihr seine Leidenschaft gestand und sie von seinen Scheidungsplänen unterrichtete, brach über sie die Erkenntnis herein. *Es wurde mir ganz fürchterlich zumute, als ich dies hörte, denn außer der klaren Einsicht meines törichten Handelns, daß Creuzer auf diese Gedanken gebracht hatte, war es mir unerträglich, daß ich an so vielem Unglück schuld sein sollte; [...] aber Creuzer zu heiraten, dazu fand ich in meinem gemüt keine Möglichkeit, ich war verwirrt und uneins mit mir selber; als er mir aber schrieb, seine Frau sei von selbst auf den Gedanken gekommen, sich von ihm selbst zu trennen, faßte ich den entschluß, wenn er Heidelberg verlassen wolle, mit ihm zu gehen, aber heiraten wollte ich ihn nicht. Creuzer vereinigte sich aber sehr bald wieder mit seiner Frau [...] und unser Verhältnis ist so, daß es immer bestehn kann.*[134] An Creuzer schrieb Günderrode am 30. November 1804, daß er auf sie fernerhin keine Ansprüche mehr machen könne und sich statt dessen in seine Ehe mit Sophie schicken solle: *Sie haben Ihre Frau zu Ihrem Schicksal heranwachsen lassen, aber man soll sich kein Schicksal geben oder es ehren und nicht dawider murren.*[135]

Das von Günderrode im Brief an Savigny angesprochene Verhältnis betraf die literarische Zusammenarbeit zwischen ihr und Creuzer. Die beiden verstanden sich so gut, daß der gegenseitige geistige Austausch für sie unverzichtbar wurde. Es ist fatal, daß sie sich durch dieses Hintertürchen auch erotisch wieder näher kamen, nachdem sie einander entsagt hatten. Von der Gleichzeitigkeit erlaubter wissenschaftlicher Annähe-

rung und von ihnen sich selbst verbotenem erotischem Ein-
verständnis legt der sich anspinnende Briefwechsel zwischen
der Dichterin und ihrem Mentor ein beklemmendes Zeugnis
ab. Weit über hundert Briefe Creu-
zers sind erhalten, doch die meisten
Karoline von Günderrodes wurden
nach ihrem Suizid von Creuzer oder
seinen Freunden vernichtet. Neben
wenigen Originalen sind lediglich
die Abschriften überliefert, die Sophie Creuzer von Günderrodes Briefen anfertigte, um sie an Savigny zu
schicken. Um sich vor den Nachstel-
lungen seiner Frau zu schützen, verbarg Creuzer Günderrodes Briefe,
die auf verräterisch grünem Papier
geschrieben waren, in seinen Vorlesungsskripten und zwischen Buchdeckeln. Außerdem sandten sich Creuzer und Günderrode ihre Briefe über Mittelspersonen wie die Heyden,
Schwarz, Kayser, den Buchhändler Mohr etc., die die Briefe vor
der Weiterleitung oft öffneten und lasen. Also legten die beiden Liebenden sich und den wichtigsten Personen naive Deck-
namen zu, die leicht zu durchschauen waren: Der «Fromme»
oder «Eusebio» für Creuzer, der «Freund» für Günderrode, die
«Gutmütige» für Sophie Creuzer etc. Intime Briefe schrieben
sie in griechischen Buchstaben, damit Creuzers Frau sie nicht
lesen konnte. Auf geistigem Gebiet ergänzten sich Günderrode
und Creuzer vor allem durch ihre hochgradige Empfänglichkeit für Poesie und Mythen. Creuzers wissenschaftlicher Ehrgeiz lag in dem von ihm versuchten Nachweis, alle Mythen, besonders die der Griechen, ließen sich auf einen Urmythos
zurückführen, dessen Entstehungsgebiet er in den Zivilisatio-
nen des Orients vermutete. Da es sich bei dem Urmythos nach
Creuzers Auffassung um einen Auferstehungsmythos handel-
te, mußten seine Forschungen Günderrodes dichterische und
philosophisch-skeptische Neugier auf das Äußerste ansta-
cheln und ihre schöpferische Phantasie anregen. Creuzer ließ

«Ich sollte dir neulich
schreiben, wie man meine
Liebe erwerben kann. Die
Bescheidenheit verbietet
mir, diese als Erwerb zu betrachten, ich muß also all-
gemein reden, um nur ant-
worten zu können. Was
außer der Vortrefflichkeit
nötig ist, um so etwas er-
zwingen zu können, ist das
rechte Verhältnis der Selb-
ständigkeit zur Hingebung.»
Savigny an Karoline von
Günderrode

Günderrode zunächst eine nahezu schulgerechte Förderung zukommen. Er erteilte ihr Unterricht in der Verslehre, schlug ihr Lektüre vor, exzerpierte für sie Stellen aus den Werken griechischer Philosophen, redigierte Günderrodes Werke, gab sie selbst heraus oder bemühte sich um Verlage. Einige Übung in der literarischen Betreuung der Werke einer Frau hatte er sich schon im Umgang mit Sophie Mereau erworben, die ihm aus ihren Erzählungen vorlas. Creuzer redigierte neben der Schlußfassung von Günderrodes *Mahomed* und den Dramen *Udohla* und *Magie und Schicksal*, die er in seinen «Studien» abdruckte, auch die *Poetischen Fragmente*. Jedoch konnte er hier an die Vorarbeit von Christian Nees anknüpfen. Günderrodes und Creuzers Gemeinschaftsarbeit ist die Sammlung *Melete*, deren bereits begonnene Drucklegung Creuzer nach Günderrodes Suizid abbrechen ließ. Schon gedruckte Exemplare ließ er vernichten. Mit seinem Befehl zur Zerstörung von Günderrodes Werk gab Creuzer seine Antwort auf das Angebot seiner Geliebten, ihn in ihren Versen unsterblich zu machen. Denn Karoline von Günderrode schrieb *Melete* als Zeugnis der Liebe zwischen ihr und Creuzer, das sie im Widmungsgedicht *Zueignung*, in den *Briefen zweier Freunde* und am deutlichsten im Gedicht *Der Einzige* ablegte, das sie in *Die Einzige* umbenannte und umschrieb, um Creuzer nicht zu kompromittieren:

> *Wie ist ganz mein Sinn befangen,*
> *Einer, Einer anzuhangen;*
> *Diese Eine zu umpfangen*
> *treibt mich einzig nur Verlangen;*
> *Freude kann mir nur gewähren,*
> *heimlich diesen Wunsch zu nähren,*
> *Mich in Träumen zu bethören,*
> *Mich in Sehnen zu verzehren,*
> *Was mich tödtet zu gebähren.* (SW I, 326)

Wie durch ein Wunder rettete wahrscheinlich ein Drucker das einzige erhaltene Exemplar von *Melete* und gab es an Friedrich Schlosser (1780–1851) weiter. Schlosser besaß das in Kaysers

Bericht erwähnte Stift Neuburg, förderte Literatur und Kunst und suchte daher auch Günderrodes Bekanntschaft. Er kopierte einige ungedruckte Stücke aus *Melete* und fügte sie dem Druckexemplar bei, weil noch nicht alle Bögen fertig korrigiert waren.

Auch wenn sich die Günderrode und Creuzer bei der Arbeit ideal ergänzten, sollte Creuzers Einfluß auf ihr eigenwilliges Denken und Schaffen nicht überschätzt werden. Zunächst gab die Dichterin Creuzer wichtige Hinweise und Ideen für seine Forschungen. Creuzer berichtete selbst von ihrer unverzichtbaren Hilfe. Überdies suchte sich Günderrode selbst die meisten ihrer Quellen, indische, nordische, fernöstliche Literatur und Philosophen der griechischen Antike. Von den Philosophen Platon, Heraklit, Pythagoras und Plotin, die Creuzer ihr empfahl, finden sich überwiegend über den Umweg ihrer Erwähnung bei Schelling Spuren in Günderrodes Werken und Studienbuchaufzeichnungen. Creuzers Bedeutung für Karoline von Günderrode lag in seiner ausgeprägten Fähigkeit, zuhören zu können. Er unterstützte die richtigen Ansätze in ihr und hielt die Dichterin zurück, wenn sie sich zu verrennen drohte. Seine enorme Belesenheit und sein origineller Forschungsansatz verschafften ihm die geistige Aufgeschlossenheit, die er brauchte, um der Dichterin den notwendigen literarhistorischen Aufschluß über die von ihr intuitiv gebrauchten Bilder, Gedankenzusammenhänge, Motive und Figuren zu geben. Über ihre gemeinsame Hochschätzung des indischen Dramas «Sakontala», machte Creuzer Günderrode deutlich, wo ihre Stärken in der Gestaltung dramatischer Stoffe lagen. Dabei beharrte er auf seiner Annahme, Frauen könnten Charaktere nicht zu einem tragischen Konflikt gegeneinander aufbauen. Creuzers Gleichsetzung von historischem und systematischem Drama verstellte auch ihm den Blick auf die geschichtsphilosophische Aussage, die in der lyrischen Form von Günderrodes Dramen verborgen liegt. Er verstand nicht, daß es der Günderrode auf die Wahrheit des Empfindens gerade historischer und politischer Ereignisse ankam, weswegen er den Gegenwartsbezug ihrer Dramen übersehen mußte. Allerdings hielt sich Günderrode selbst nur sehr selten ausdrücklich bei Zeitereignissen auf, weil sie immer schon dabei war, die metahistorische Authentizität zeitgenössischen Geschehens im Gewand des Mythos zu gestalten. In einem seiner Briefe an Günderrode formulierte Creuzer das bislang zutreffendste Urteil über ihre Dichtung: «Laß mich Dir hierbei ein Urtheil über Deine Poesie überhaupt sagen. Sie ist, meine ich, ihrem Hauptelement nach, [...] mystisch, offenbarend. Darum bist Du im Morgenlande so einheimisch und der große Naturgeist [...] zeigt auch Dir nicht selten sein Angesicht ohne Schleyer.

Auch bist Du unübertreflich, wenn Du den geheimen Sinn des Räthsels singst, das wir Leben nennen, jene Heimlichkeit des Daseyns und die innerste eigenste Gewohnheit eines schönen Gemüthes. [...] Deine Poesie ist mystisch (seys in großer Naturanschauung oder im kindlichen Spiele) – eben darum ist sie nicht plastisch.

Folglich ist Dir alles fremd, was seiner Natur nach hervortreibende systematische Gestalt fordert. [...] Aber vermeide jenes Drama das einen historischen Boden hat; am meisten das occidentalische der ganz hellen Geschichte. Ich sollte denken die Romanze müßte Dir vorzüglich gelingen, und Griechenlands heilige Sagenfülle und Indiens Blumengärten, welch ein Feld für Ion!»[136] «Ion» war – nach Ionien, das Creuzer kurzerhand als Ursprungsland der Dichtung deklarierte – das neue Pseudonym Günderrodes, unter dem *Melete* erscheinen sollte.

Wenn Creuzer auch immer wieder auf Gott zurückgriff, um Tatsachen seines persönlichen, eng umschränkten Lebens eine höhere Weihe zu geben und sich selbst über manchen Verlust und manche Entbehrung hinwegzutrösten, so nahm es der Professor auf der konsequenten Seite des Liebens und Lebens mit Gott nicht so genau. Zuerst diente Gott Creuzer zur Rechtfertigung seiner allzu irdischen Leidenschaft. Von Karoline von Günderrode in seinem Begehren bis zur Scheidung zurückgewiesen, benutzte Creuzer Gott, um den brutalen Bruch der Beziehung zu idealisieren. All die Leiden und Freuden waren schließlich nichts als «Stürme des Lebens und

Todesszenen [...] Studien zur höheren Lebenskunst, die zu Gott führt»[137].

Trotz der erheblichen Sublimierungsanstrengungen und der frommen Überhöhungen seiner Geliebten genügte dem zögerlichen Creuzer die platonische Form der Beziehung nicht. Immer wieder besuchte er Karoline von Günderrode in Frankfurt, wo Susanne von Heyden Begegnungen im Stift oder in Gasthöfen vermittelte. Außerdem besaßen die Heydens eine Ferienwohnung auf dem ehemals Günderrodschen Kettenhof bei Frankfurt, zu der Susanne von Heyden Günderrode und Creuzer zwei oder drei Mal den Schlüssel lieh, damit sie sich ein Stelldichein geben konnten. Obwohl es Karoline von Günderrode zuwider war, heimlich an diese Orte zu schleichen, ging sie auf das Versteckspiel ihrer Gefühle ein. Wie weit sie Creuzers Liebe entgegenkam, ist Spekulation. Jedenfalls wehrte sie sich lange dagegen, auf seine Heiratspläne einzugehen.

Aber vom 14. bis 18. August 1805 besuchte Günderrode zusammen mit Susanne von Heyden Lisette Nees und ihren Mann in Sickershausen. Ihre plötzliche Abreise wegen eines dringenden Vorfalls am 18. nach Darmstadt war angeblich nicht geplant. Jedoch traf die Günderrode bei Freunden in Darmstadt wahrscheinlich mit Creuzer zusammen. Denn noch im August verließ Sophie Creuzer ihren Mann und willigte, nachdem sich Günderrode von Creuzer in Darmstadt das Eheversprechen hatte abringen lassen, in ihre Scheidung von Creuzer ein, unter der Bedingung, ihre Versorgung müsse bis zu ihrem Tode durch eine Rente gesichert sein. Nach dieser Zustimmung zur Scheidung besuchte Günderrode Creuzer am 22. und 23. September in Heidelberg. Nach diesem Besuch schob Creuzer plötzlich die Scheidung auf. Seine Freunde Daub und Schwarz und sein Vetter Leonhard Creuzer rieten ihm von einer Ehe mit dem Argument ab, die Dichterin würde keine bürgerliche Hausfrau abgeben. Karoline von Günderrode wandte sich in ihrer Not an Savigny, er solle ihr helfen, so wie sie ihm bei Gunda Brentano geholfen hatte. Savigny lehnte mit dem Hinweis auf die gänzlich ungesicherte Existenz Sophie Creuzers ab. Außerdem glaubte Savigny nicht an die Dauerhaftigkeit der Liebe zwischen Creuzer und Günderrode unter den Bedingungen einer bürgerlichen Ehe.

Währenddessen setzte Creuzer Günderrode mit seinem Vorschlag unter Druck, an Schwarz und Daub einen Brief zu schreiben, der die Bedenken der Männer gegen Günderrodes Schelling-Studium zerstreuen sollte: «Es wird gut sein, wenn Du Dich künftig gegen den Schwarz (und auch gegen den Daub) schriftlich oder mündlich so äußerst, daß sie sehen, Du habest den Willen und die Fähigkeit, ein eheliches Stilleleben zu führen. Ach, wie lieb, wie heimlich wird dieses Leben sein – wenn der leere Platz meines Lagers Deine Lagerstätte sein wird. [...] Dichten Sie, was der Geist Ihnen eingibt, philosophieren Sie aus der Tiefe Ihres Gemütes.»[138] Günderrode wehrte sich gegen die Zumutung der Dressur. *Mein Leben würde mich rechtfertigen, nicht meine Worte. Schwarz findet es bedenklich, daß ich der neuen Philosophie anhange, soll ich mich entschuldigen über das, was ich vortrefflich in mir finde. Ich verstehe nicht in welchem Zusammenhang dies mit meinem gefürchteten Untalent Sie zu beglücken, steht und doch will ich ihm schreiben, wenn Sie es wünschen. [...] Meine Liebe können doch nur Sie allein verstehn, und jedes Urteil, das nicht von dieser ausgeht, ist falsch.*[139]

Statt sich zu unterwerfen, faßte die Dichterin den phantastischen Plan, mit Creuzer nach Alexandria zu fliehen. Kurz darauf hatte sie die Idee, sich als Mann zu verkleiden und mit Creuzer nach Rußland zu gehen. Sophie Creuzer benachrichtigte im Herbst 1805 Savigny von dem «Geheimplan»: «Hier fand ich aber, daß sie die Idee hat, sich in Mannskleider zu verhüllen und mit Cr. nach Rußland entfliehn.»[140] Als Günderrode entdeckte, daß ihr Plan bekannt geworden war, erklärte sie Sophie Creuzer brieflich ihre Beweggründe: *Nur erst, als ich den letzten Sommer so lebhaft wünschte, ihn zu sehn und alle Pläne dazu aus Furcht, Sie möchten es nicht dulden können, vereitelt wurden. Erst da faßte ich den Entschluß, ihn wo möglich zu besitzen, weil jede andre Art, mich seines Umgangs zu erfreun, mir so sehr erschwert wurde.*[141] Günderrode hatte sich auch mit Lisette Nees über ihren Plan, mit Creuzer nach Rußland zu gehen, beraten. Diese riet ihr selbstverständlich ab und wies in ihrem Brief vom November 1805 auf Günderrodes offensichtliche Ahnungslosigkeit im Umgang mit der männlichen Natur hin: «Sage mir doch wie meinst Du es mit dem glüklich machen Creuzers? Du willst mit ihm gehen als Mann und sein Freund seyn. C. liebt Dich ganz, Deine Seele wie Deinen Leib – entweder sein Leben ist ewiger Kampf, den er nimmer zu ertragen im Stande ist wenn er Dich liebt, oder er widerstrebt nicht lange. Hier wird er Dir widrig wenn Du kein Gefühl für ihn hast und die Natur in ihm doch nur stärker ist, nicht als seine Liebe und Treue, sondern als Deine unnatürliche Forderung, oder Du ergibst Dich ihm und stirbst dan. Sage mir wo ist hier Creuzers Glük?»[142]

Unterdessen waren in Günderrode abgespaltene Wünsche und Sehnsüchte gewaltig in Bewegung geraten, wovon sie Creuzer in ihrem Traumbrief vom 25. April 1805 erzählte: *Mir war, ich läge zu Bette, ein Löwe lag zu meiner Rechten, eine Wölfin zur Linken und ein Bär mir zu Füßen, alle halb über mich her und in tiefem Schlaf, da dachte ich, wenn diese Tiere erwachten, würden sie sich gegeneinander ergrimmen und sich und mich zerreissen, es ward mir fürchterlich bange, und ich zog mich leise unter ihnen hervor und entrann. Der Traum erscheint allegorisch. Was denken Sie davon?* Creuzer konnte den Traum nicht begreifen, denn er hatte die Grenzen seiner Belastbarkeit erreicht. Creuzers briefliche Deutung des Traumes im Mai 1805 beneidete Günderrode um ihre Freiheit, frei von allen gesellschaftlichen Zwängen sich selber leben zu können, während er sich von mehreren Professoren, die in Heidelberg zu Gast waren, unendlich gequält fühlte: «Mein Gott, da ist's unter wilden Tieren besser, und ich beneidete Sie um Ihres Traumes willen. Diese zerreißen einen doch höchstens. – Gegen Sie sind sie frommer gewesen, nach des alten Mythos schönerer Sitte, wo das Wildeste dem Zauber der Poesie huldigt. Deuten Sie sich ihn so, den bösgeglaubten Traum.»[143] Creuzer begriff nicht, daß die Bedrohung der drei Tiere für Günderrode in dem Moment bestand, in dem sie merkten, daß Günderrode erwachte und sich bewegte. Dementsprechend entkam Günderrode nur, weil sie die schweren Tiere nicht weckte. Die wichtige Frage, wohin denn Günderrode in dem Traum entkommen sei, fiel Creuzer nicht ein. Lisette Nees stellte, vermutlich in Unkenntnis des Traumes, nach Günderrodes Suizid eine Dreiteilung in der Seele ihrer Freundin fest, die der Symbolsprache des Traumes entspricht: «Die Einheit dieser drei Gewalten wäre die Liebe gewesen. – In der Herrschaft der ersten Seele war sie Weib und insofern modernes Wesen, in der zweiten Mann und lebte im Antiken. In der dritten lag die Tendenz zur Ausgleichung beider in das rein Menschliche.»[144] Bis hierhin stimmt Lisette Nees' scharfsinnige Analyse der anachronistischen Geschlechterrollenauffassung Günderrodes. Sie hatte richtig beobachtet, daß Günderrode ihren Rollenkonflikt zu lösen versuchte, indem sie die Geschlechtsunterschiede durch die Vergeistigung der männlichen und der weiblichen Rolle ins höhere, reine und überpersönliche Menschsein auflöste. Der Traum verriet Günderrodes persönliche Verluste und Leiden, die ihr die Negation ihrer geschlechtlich geprägten Persönlichkeitsanteile verursachte. Man kann Lisette Nees folgen und die Wölfin mit den weiblichen Urkräften, den Bär mit den männlichen Anteilen in Günderrodes Seele und den Löwen als das selbstbehauptende Prinzip ihres Ich verstehen. Alle drei Kräfte werden von der Träumerin als miteinander unvereinbar erlebt. Lisette Nees' Deutung, Günderrode sei an ihrer frivolen Spaltung von Sittlichkeit und Natur gescheitert, weil sie aus eigener Kraft und selbstverschuldet ihre unglückliche Liebe heraufbeschworen habe, trifft den prophetischen Kern des Traumes. Nur daß Günderrode ihr Schicksal nicht selbst verschuldete. Eher verrät Lisette Nees' Anklage ihr persönliches Unbehagen an ihrem eigenen Arrangement mit demselben gesellschaftlichen System, dem ihre beste Freundin in großen Teilen zum Opfer gefallen war. Es zeugt von der beeindruckenden Ordnungskraft in Günderrodes unbewußt arbeitender Intuition, daß sie selber im nachfolgenden Teil ihres Briefes Hinweise zur Deutung des Traumes gab. Um sich und Creuzer zu schützen, verleugnete sich die Dichterin selbst und schrieb von sich in der dritten Person. Wie schon in ihrer Beziehung zu Savigny sah sie sich gezwungen, sich neutral als den «Freund» zu bezeichnen. Sie sprach von sich so, wie sie es an Gunda Brentano gehaßt hatte. Sie war durch ihre ungeteilte Liebe auch für sich selbst zu einem Objekt der Beobachtung geworden und mußte die durch ihre Liebe erzwungene Zweiteilung ihrer Identität in die liebende, aber verbotene Frau und den maskierten, von der Frau abgespaltenen «Freund» ohnmächtig zur Kenntnis nehmen. Am 27. April 1805, zwei Tage nach ihrem Traumbrief, teilte Günderrode Creuzer mit, daß ihre *heroische Seele sich immer mehr in Liebesweichheit und Liebessehnsucht aufgelöst hat. [...] dieser Zustand ist nicht gut für einen Menschen, der doch für sich alleine stehen muß und der wohl nimmermehr dem Gegenstand seiner Liebe vereint wird. Es ist sonderbar, aber in Gedanken besitzt er seinen geliebten Gegenstand so ganz, daß es viele Augenblicke gibt, in denen er meint, man könne nur so gewiß und ausführlich denken, was einmal so wirklich würde, wie man es dächte.*[145] Karoline von Günderrode kämpfte um Creuzer, weil sie sich von ihm geliebt wußte. Sie hatte Savigny und Daub in der Ehefrage um Rat gefragt. Beide sollten ihr mitteilen, wie sie über die Scheidung Creuzers von seiner Frau Sophie und über eine mögliche Ehe zwischen Creuzer und ihr urteilten. Von den Antworten der Männer erhoffte Günderrode sich eine Orientierung, denn sie kannte sich in sich selbst nicht mehr aus. Über ihren Gefühlszustand geben einige Zeilen aus dem Creuzer gewidmeten Gedicht *Gebet an den Schutzheiligen* Auskunft:

> *Mein Auge hab' ich abgewendet*
> *Von allem was die Erde giebt*
> *Und über alles was sie bietet*
> *Hab' ich dich, Trost und Heil, geliebt.*
> *Dir leb' ich, und dir wird' ich sterben,*
> *Drum lasse meine Seele nicht,*
> *Und sende in des Lebens Dunkel*
> *Mir deiner Liebe tröstlich Licht.* (SW I, S. 323)

Die Antworten Savignys und Daubs verwarfen Günderrodes Ehepläne als unmoralisch und ungerechtfertigt. Savigny spielte Sophie Creuzers soziales Schicksal als alternde Frau gegen Günderrodes Recht auf Liebe aus. Die Dichterin war aber nicht bereit, die Wirklichkeit ihrer Gefühle zu verraten, und beharrte auf der Wahrheit ihrer Empfindung, indem sie Savigny am 10. Oktober 1805 schrieb: *Wenn man einmal so geliebt wurde, wie Creuzer sich geliebt weiß, wenn man ein Wesen so zum Eigentum hatte wie er mich, das läßt sich nicht vergessen, dafür gibt es keinen Trost und keinen Ersatz. […] wird er die unmöglich lieben können, für welche er das Geliebteste aufopfern mußte. Ich könnte es niemals, und alle Tugenden würden mir das Verlorne nicht ersetzen. […] ich meine nun, es wäre keine gute Handlung, wenn ich entsagte.*[146] Gegen Daubs Argument von der unantastbaren Ehe, das aus der Feder eines evangelischen Theologen ohnehin sehr bemüht wirkte, stellte Günderrode ebenfalls im Oktober 1805 ihr Argument von der Unmoral der zwanghaft aufrechterhaltenen Ehe zwischen Sophie und Friedrich Creuzer: *Ist das eine rechte Ehe, wenn zwei Wesen sich gänzlich verstehen und lieben, sich besitzen und besessen werden […]. Und wenn das eine rechte Ehe ist, so ist die eine Sünde an der Natur, die zwei Gemüter, die sich einander nicht genügen, nicht verstehen und nicht lieben in eine peinigende Fessel schlägt. […] wenn nur der Mensch nicht gleich darüber stirbt, so beruhigen sich alle, meinend, es werde sich schon geben; aber es gibt sich nicht, und viel schlimmer ist es leben als sterben. Können Sie glauben, die Frau würde nun glücklich sein, wenn ich entsagt hätte?*[147]

Aber schließlich mußte Karoline von Günderrode die Unmöglichkeit einer dauerhaften Liebesbeziehung einsehen und kehrte an den Anfang ihrer Liebe zu Creuzer zurück. Damals hatte sie das Projekt verfolgt, mit Creuzer auf dem Zenit ihrer Liebe in den Tod zu gehen, doch Creuzer hatte Günderrodes Devise vom Leben und Sterben in eine weniger verfängliche Alternative umgewandelt. «Laß mich hoffen oder sterben – sterben für Dich. Das ist doch ewig meine Empfindung, daß mein Leben keine Bedeutung habe, wenn es nicht für Dich gelebt oder hingegeben wird.»[148] Die Dichterin warf ihm vor, er habe ihr Gemüt mißverstanden und wolle sie auf seine, von ihr verschiedene Art glücklich machen. Als Creuzer Günderrode am 21. März 1805 klar machen wollte, man könne «der Natur gehorchen und dennoch über dem Leben stehen», und daß sie mehr essen und «des stärkenden Weins Reiz»[149] genießen solle, erklärte sie ihm im März 1805 unmißverständlich: *Ich aber habe schon viele Tage im Orkus gelebt und nur darauf gedacht, bald und ohne Schmerz, nicht allein in Gedanken, nein, ganz und gar hinunterzuwallen, auch Sie wollte ich dort finden, [...] wie Sie selber sagen, soll der Sinn unseres Bundes sein, «daß wir gerne gehen wollen, wenn die Natur uns abrufen wird», welches wir auch wohl getan hätten, ohne uns zu kennen. Ich meinte es sehr anders, und wenn Sie nichts weiter meinten, so sind Sie ganz irre an mir und ich an Ihnen, denn alsdann sind Sie gar nicht der, den ich meine. [...] Die Freundschaft wie ich sie mit Ihnen meinte, war ein Bund auf Leben und Tod. Ist Ihnen das zu ernsthaft? Oder zu unvernünftig? Einst schien Ihnen der Gedanke sehr wert, mit mir zu sterben.*[150] Creuzer wich der Entscheidung aus und ließ Günderrode mit ihrer Sehnsucht, sich mit ihm im Tod unsterblich zu vereinigen, allein. Statt dessen beschwor er sie immer wieder, sich doch mit ihrer irdischen Natur zu befreunden. Im November 1805 ging Creuzer soweit, der Günderrode den gemeinsamen Bekannten Gustav Anton von Seckendorff (1775–1823) zum Ehemann zu empfehlen. Creuzer empfand seine Liebe zu Günderrode in dem Moment als Schuld gegen die Natur, in dem er dachte, der Dichterin sei der «Gedanke einmal Mutter zu seyn nicht mehr zuwieder. [...] seitdem scheint es mir ein Frevel, wann ich, der ich doch Dein Mann nicht seyn kann – Empfindungen nähren und aussprechen wollte, die Dir verböten einmal vielleicht ein Weib zu seyn – wann Natur und Liebe dich dazu berufen.»[151] Günderrode reagierte heftig: *Wenn mich etwas in Deinem Brief betrüben könnte, so ist es dies, daß Du zuweilen so entsagend, so, als sei es nicht notwendig, daß ich Dir angehöre, sondern Willkür, sprechen kannst. [...] Du solltest anmaßender sein, mich mit Liebe und dann Despotismus behandeln. Dann erst würde mir recht wohl und sicher. Ich habe neulich einen fürchterlichen Augenblick gehabt. Es war mir, ich sei viele Jahre wahnsinnig gewesen und erwachte eben zur Besinnung und frage nach Dir und erfahre, Du seist längst tot. Dieser Gedanke war Wahnsinn, und hätte*

er länger als einen Augenblick gedauert, er hätte mein Gehirn zerris-
sen. Drum sprich nicht mehr von anderm Liebesglück für mich.[152]

Karoline von Günderrode empfand deutlich, daß Creuzer
sich innerlich von ihr verabschiedete. Wahrscheinlich reifte in
der Zeit vor Weihnachten 1805 bereits der Entschluß in ihr, die
Liebe Creuzers notfalls durch
ihren Liebestod ins Unendliche
zu erfüllen. Das verdeutlicht folgende Stelle aus den Briefen zweier Freunde: *Ich zagte dass dein Ich*

«Hüte die Günderod vor dem
Rhein und dem Dolch.»
Susanne von Heyden
an Charlotte Servière

und das Meine sollten aufgelösst werden in die alten Urstoffe der
Welt, dann tröstete ich mich wieder, daß unsere befreundete Elemen-
te, dem Gesetz der Anziehung gehorchend, sich selbst im unendlichen
Raum aufsuchen und zueinander gesellen würden. (SW I, S. 358)
Günderrode verlegte in ihrem Todesprojekt die Liebe zwischen ihr und Creuzer in einen Schutzraum, der äußeren Ein-
flüssen nicht mehr zugänglich war: *Das Schicksal ist besiegt. Du*
bist mein über allem Schicksal. Es kann Dich mir nicht mehr
entreißen, da ich Dich auf solche Weise gewonnen habe.[153] Mit demselben Brief versprach sie Creuzer, sich für ihn malen zu lassen. Creuzer war dann enttäuscht, daß seine Geliebte sich in
Ordenstracht hatte porträtieren lassen. Günderrode ließ ihm
das Bild kurz vor Weihnachten 1805 durch die Hand seiner
Frau Sophie zukommen. In dieser Zeit rauften Sophie und
Friedrich Creuzer sich zusammen und verarbeiteten Günderrodes Einfluß auf ihre Ehe so gut sie konnten. Clemens Brentano schrieb am 9. Juni 1806 an Savigny: «Mit der Creuzeri-
schen Familie hat es eine eigne Wendung genommen, sie
gehen seit ihrer letzten Ferienreise mit niemand mehr um […].
Er selbst kleidet sich eleganter und sie geht oft einher wie eine
echte Putznärrin, besonders hat sie sich einen sehr wollüstigen
Gang angewöhnt, die wenige Makkulatur von Leskens Naturgeschichte, die sie noch auf dem Lager hat, faßt sie auf die neueste Manier in den um die Lenden vorwärts geschürzten Rock;
Sie wissen ja, wie die Damen jetzt die Schleppe haben. […] Auf
Creuzers Stube hängt Tians Porträt und es ist möglich, daß
die ganze neue Organisation der Familie durch das Dazwi-

schentreten der hohen Pforte entstanden ist.»[154] Mit dem «Dazwischentreten» der besagten «hohen Pforte» hat es seine eigene Bewandtnis. Schon früh hatte Günderrode Creuzer darauf hingewiesen, daß er seine Kontakte zur Wirklichkeit seiner sorgfältig umhegten Alltagswelt in dem Maße verlor, in dem er sich auf ihre Liebe einließ. Wie Clemens Brentano schilderte, versuchte Creuzer verzweifelt den Spagat zwischen dem Platz in Günderrodes Herzen und seinem Dienst an der Universität. Aber Creuzer hielt die Spannung nicht aus. Als er am 3. Mai 1805 in Frankfurt bei Karoline von Günderrode zu Besuch war, machte er sich nachts um 3 Uhr auf den Rändern eines Briefes an Günderrode Luft: «O, Du Liebe! Wahnsinn – Tod, süß für Dich, willkommen mir! So bist Du noch nicht geliebt worden. Ich kann nicht weg von hier. ‹Saget Steine mir an›, wo meine Liebe gewandelt! – Siehe, so fesselt, so brennet mich der Straßen Pflaster.»[155] Diesem Briefzeugnis läßt sich die Spannung ablesen, unter der Creuzer zwei Jahre lang gestanden hatte. Dazu kam sein enormes Arbeitspensum, seine Aufbauarbeit an der Universität Heidelberg und die gewissenhafte Erledigung seiner Familienpflichten. Die Anstrengungen ruinierten Creuzers ohnehin schwache Gesundheit. Seine Frau beobachtete, wie der Empfang von Günderrodes Briefen Creuzer regelmäßig veränderte. Über Creuzers Zustand äußerst besorgt, berichtete sie am 22. November 1805 an Savigny: «Cr. machte mich selbst auf die Wirkung, die in ihm vorging, indem er an allen Teilen seines Körpers heftig zitterte, aufmerksam, doch ohne mir die Ursache dieser Erscheinung zu sagen. Demungeachtet blieb er in seinen Äußerungen freundlich bis zum 19ten, wo er durch neue Briefe so aufgereizt wurde, daß sein Zustand vom Katheder herab sogar den Studenten bemerkbar wurde.»[156] Auch Günderrode merkte, daß Creuzer unter der Spannung ihrer Liebe zusammenzubrechen begann. Am 6. April 1806 schrieb sie: *Da fühle ich immer, Du fühlest deine Liebe auch nicht recht notwendig, da wird mir bange für Deine Ausdauer.*[157] Und Ende Mai 1806: *Was Du mir auch sagst, kommt mir vor, als hättest Du Mitleid und wolltest mich und Dich selbst trösten, […] mir ist, Deine Augen seien sehr erkrankt, ich fühle Deinen Schmerz und auch den meinen, daß ich nicht von Dir gesehen werde.*[158] Creuzer isolierte sich durch seine Liebe zu Karoline von Günderrode und steigerte sich in Verschwörungsgedanken hinein, so daß er seine Geliebte Ende Juni 1806 aufforderte, ihre Beziehung zu Bettine Brentano abzubrechen: «So hättest Du Dich schon längst gegen jedes Eingreifen der Brentanoschen und Savignyschen Familie in Dein eigenstes (verstehe mich recht), in Dein inneres Leben (und folglich in dieses Verhältniß) verschlossen. So aber hörst Du noch immer die Bettine an, die Du doch selbst

«Mein Gott! Ich habe niemand, mit dem ich ernstlich sprechen könnte, ohne daß er mir gerade ins Gesicht sagen würde: ‹Du sprichst Kinderei, Du lügst, Du bist gespannt, Du extravagierst.›»

Bettine Brentano
an Karoline von Günderrode

schwatzhaft nennst und die ich eine Kokette nenne [...] – und dieses ganze Haus, herrschsüchtig und eitel wie es ist, was hat es von jeher anders gewollt als Dich beherrschen und verrathen!»[159] Die Günderrode verbot Bettine Brentano daraufhin den Zutritt zu ihrer Stiftswohnung, nahm keine Briefe mehr an und beantwortete auch keine. Das Echo in Bettine Brentanos Verwandtschaft war eher Unverständnis oder freudige Neugier darauf, daß es nun wieder etwas zu klatschen gab, als besorgte Nachfrage nach den Beweggründen der Dichterin. Clemens Brentano schrieb an seine Frau: «Die Günderrode hat kurz und überraschend, ohne allen Verstand Bettinen die Freundschaft gekündigt.»[160] Meline Brentano informierte Savignys von dem zu erwartenden Bericht Bettines: «Die große Neuigkeit ist, daß der Creuzer von Heidelberg hier sein soll. Die Günderrode hat mit der Bettine gebrochen, und ich vermute fast, sie tat es, weil sie befürchtete, von ihr in dem schönen tête à tête gestört zu werden. Der Fummler wird Euch ausführlich darüber schreiben, ich darf ihm nicht ins Handwerk fuschen.»[161] Mit dem Fummler war Bettine gemeint.

Am 28./29. Juni 1806, also vermutlich nach Karoline von Günderrodes Bruch mit Bettine Brentano, besuchte Creuzer seine geliebte Dichterin zum letzten Mal in Frankfurt. Vor seiner Abreise verabredeten die beiden ihr nächstes Treffen für

Alte Ansicht des Brentano-Hauses in Winkel, Rheingau.
Federzeichnung von H. Landgrebe

den Juli in Winkel am Rhein. Aber wenige Tage nach seiner
Rückkehr nach Heidelberg brach Creuzer zusammen. Am 18.
Juli 1806 schrieb Friedrich Schwarz an Leonhard Creuzer: «Unser Creuzer ist tödlich krank. Aber freue Dich, es ist nicht eine
Krankheit zum Tode, sondern zum Leben. Ich habe das feste Zutrauen, er wird leiblich genesen, geistig ist er es schon. Es mußte zu dieser Krise kommen. Sein Körper war schon lange her geschwächt, die fatale Geschichte setzte ihm immer mehr zu, und
besonders nun, nach seiner letzten Reise nach Frankfurt war
wieder alle errungene Ruhe dahin. Nun machte er vorigen
Sonntag mit Kayser eine Reise nach Mannheim, er kam krank
wieder, las dennoch 2 Tage Kollegien, bis er nicht mehr konnte,
in eine gänzliche Erschöpfung und Schlafsucht verfiel, nun
aber heftiges Fieber mit Schlaflosigkeit hat. [...] Er entsagte
feierlich seinem bisherigen Verhältnisse und Daub mußte es
übernehmen, dieses alsbald der Günderrode zu schreiben.» [162]
Mit der diesem Professorenschlag eigenen Theatralik wurde
die zweifelhafte Entscheidung, die ungefragt verlassene Gün-

derrode brieflich statt mündlich und noch dazu nicht einmal durch einen Brief von Creuzers eigener Hand vom Bruch der Liebesbeziehung zu unterrichten, als ein Sieg des Guten dargestellt: «Was nun längst in seiner Seele sich immer erhoben und siegen wollte, sein unzerstörbar Gutes – das hat sich nun erhoben und gesiegt. [...] Seine Seele war vor Gott, sie ist es noch, und wird göttlich zum Leben zurückkehren.»[163] Daub schrieb am 18. Juli 1806 an Susanne von Heyden: «Creuzers bestimmt und entschieden erklärter Wille ist es, daß das bisher zwischen ihm und der Fräulein Karoline bestandene Verhältnis aufgehoben, daß es vernichtet sei. Diese Erklärung, gnädige Frau, ist unaufgefordert durch ihn mit einer solchen Ruhe, Besonnenheit und Festigkeit geschehen, daß ich sagen darf, das genannte Verhältnis sei damit vernichtet.»[164] Zunächst witterte Heyden eine Intrige und forderte ein persönliches Zeugnis Creuzers. Nachdem sie nicht mehr zweifeln konnte, warnte sie davor, die Sache zu überstürzen, und weigerte sich, an Karoline von Günderrode nach Winkel am Rhein zu schreiben. Sie wollte warten, bis sie ihre Freundin persönlich sprechen konnte. «Sie fühlen wohl selbst, als Freund des Freundes, daß es der armen Leben gilt und daß Wahrheit, durch schonende Hand gegeben, hier Pflicht ist.»[165] Die Herren fühlten nicht, so daß Susanne von Heyden Karl Daub schweren Herzens Vollzug meldete: «Infolge Ihres wiederholten Auftrags, Herr Professor, habe ich heute an Karoline Günderrode Creuzers Entschluß geschrieben und Ihre beiden Briefe gesendet.»[166]

In ihrem Brief an Hektor von Günderrode schilderte Heyden die Ereignisse vor Karoline von Günderrodes Suizid am 26. Juli: «[...] ich schrieb [...] beifolgende Briefe an Lotte Servière in Langenwinkel im Rheingau, wo Karoline war, nebst beifolgendem Brief an Lina, um durch diese Linen vorzubereiten, allein ich die Adresse mit verstellter Hand und Siegel gemacht hatte, eilte Karoline, die seit langem auf Briefe gewartet hatte, dem Boten entgegen, erbrach den Brief und ging in ihr Zimmer, von wo sie bald wieder herauskam und ganz heiter scheinend, Lotten adieu sagend, sie wolle am Rhein, wie so oft spazierengehen, kam aber nicht wieder. Beginn Nachtessen wurde sie vermißt, man eilte auf ihr Zimmer, fand die erbrochenen Briefe, und bange Sorge erfüllte die guten Mädchen, sie suchten die ganze Nacht, früh fand man die unglückliche Lina tot am Ufer, ihr Ihnen wohlbekannter Dolch hatte das Herz des Engels durchstochen, [...] den letzten Brief fand man angefangen im Zimmer, er ist an Creuzer.»[167] Den erwähnten Dolch hatte sich die Dichterin auf der Frankfurter Messe gekauft; mehreren Zeugen zufolge führte Günderrode ihn immer mit sich. Der von seiner Krankheit nur langsam genesende Creuzer wurde erst am 1. Oktober von Günderrodes Suizid unterrichtet und schrieb daraufhin an Savigny: «Vorjezt scheint mir Stillschweigen über das unabänderlich Entschiedene am würdigsten der Ruhe, die der Entschlafenen gebührt. Mir kommt es zu darauf bedacht zu sein, daß ich nicht ohne Nutzen in der ernsten Schule gewesen sei, in die ich vom Schicksal geführt worden. Ich versuche wieder zu arbeiten und nicht ohne Erfolg, insofern vom einsamen Recherchiren die Rede ist, wo Todte meine Gesellschaft sind.»[168]

Karoline von Günderrode hatte Creuzer einen Abschiedsbrief und ihr Taschentuch auf ihrer Stube in Winkel hinterlassen: «*Ich sende Dir ein Schnupftuch, das für Dich von nicht geringerer Bedeutung sein soll als das, welches Othello der Desdemona schenkte. Ich habe es lange, um es zu weihen, auf meinem Herzen getragen. Dann habe ich mir die linke Brust gerade über dem Herzen aufgeritzt und die hervorgehenden Blutstropfen auf dem Tuch gesammelt. Siehe, so konnte ich das Zarteste für Dich verletzen. Drücke es an Deine Lippen; es ist meines Herzens Blut! So geweiht hat es die seltene Tugend, daß es vor allem Unmut und Zweifel verwahrt. Ferner wird es Dir ein zärtliches Pfand sein.*»[169] Es ist unwahrscheinlich, daß Creuzer den Brief und das Tuch je erhalten hat. Savigny fragte am 25. August 1806 bei Clemens Brentano an: «Das Schicksal der Günderrode hat mich sehr erschüttert, wissen Sie nicht, ob sie irgend eine Erklärung oder letzten Willen zurück gelaßen hat?»[170]

Außerdem hatte Karoline von Günderrode neben ihrem Abschiedsbrief an Creuzer ein Blatt zurückgelassen, auf dem sie den Spruch notiert hatte, der in ihren Grabstein im Kirch-

hof von Winkel eingemeißelt worden ist. Die Zeilen hatte sie wahrscheinlich aus dem Gedächtnis nach Herders «Abschied des Einsiedlers» aufgeschrieben. In den Versen überliefert sie der Nachwelt ihre Stimmung kurz vor ihrem Freitod:

> *Erde, du meine Mutter u du mein Ernährer der Lufthauch*
> *Heiliges Feuer mir Freund und du o Bruder der Bergstrom*
> *Und mein Vater der Äther ich sage euch allen mit Ehrfurcht*
> *Freundlichen Dank mit euch hab ich hienieden gelebt*
> *Und ich gehe zur andern Welt euch gerne verlassend*
> *Lebt wohl denn Bruder u Freund Vater und Mutter lebt wohl.*
> (SW I, S. 472)

Schließlich hinterließ Karoline von Günderrode als Testament die von Pfarrer Isinger aufgenommene Schenkungsurkunde:

135

«Fräulein von Günderrode legirt in dahiesige Kirche 25 Fl., damit in ihre Grabstätte auf dem Kirchhofe Niemand mehr nach ihr beerdiget werde und ihr Grabstein allda stets unverletzt bleibe, ferner 75 Fl., wo von den Interessen denen Schulkindern jährlich den 26. Juli Brod ausgethelt werden soll, welche dann in der Kirche fünf Vaterunser und Gegrüßet seist Du Maria zu bethen haben. In Urkund Dieses Winkel im Rheingau den 29. September 1806. Isinger Pfr. mppia.»[171]

Man unterzog Karoline von Günderrodes Leichnam einer Sektion, um die Frage zu klären, ob die Dichterin als Selbstmörderin oder als Unfalltote zu bestatten sei, was der Fall wäre, wenn sich in ihrem Leichnam Hinweise auf eine organische Krankheit finden ließen, die ihren Selbstmord als Folge einer Krankheit erklärte. Tatsächlich hatte der Arzt, wie Achim von Arnim an Bettine Brentano berichtete, bei der «Section [...] ihren Tod aus dem Rückenmark gelesen [...]. Mit der weichen, schwachen Hand solche Gewalt, um einem drückenden Lebensverhältnisse zu entgehen, das wohl so einem vereinsamten, gereizten Gemüthe im Augenblicke unendlich hoffnungslos scheinen mochte, das ist mehr Lebenskraft, als der vortreffliche Arzt verstehen wird, wenn er auch hundert Jahre alt würde.»[172]

Wirkungsgeschichte

Bereits im Jahr ihres Todes wurden Karoline von Günderrode die ersten, mehrstrophigen Gedichte gewidmet. Sie gilt bis heute als Lyrikerin. Ihre Gedichte sind in den gängigen Schulbüchern, Gedichtsammlungen und Lexika erwähnt und mehr oder minder ausführlich besprochen. Günderrodes Dramen sind jedoch weitgehend vergessen. Sie werden nicht aufgeführt; vielleicht liegt hier der Grund, warum sie in Christa Wolfs Werkauswahl fehlen. Im allgemeinen wird das szenisch-dialogische Prinzip vieler lyrischer Werke Günderrodes nicht mit ihrer Wahl der lyrischen Dramenform und der darin impliziten Philosophie in Beziehung gesetzt. Schon zur Entstehungszeit der Dramen wurde weder ihr aktueller geschichtlicher Bezug auf die Bedingungen der napoleonischen Umbruchzeit noch ihre mythische Dimension erkannt.

Karoline von Günderrodes Leben und Werk hinterließ Spuren vor allem bei ihren Kollegen, den Dichtern und Dichterinnen. Christa Wolf erwähnt in ihrem Essay den Eindruck, den die Günderrode auf Goethe machte: 1810 ging Goethe mit Bettine von Arnim im Park von Teplitz spazieren und hielt als Gesprächsnotiz fest: «Umständliche Erzählung von ihrem Verhältnis zu Fräulein Günderrode. Charakter dieses merkwürdigen Mädchens und Tod.» – «Dies konnte ein Satz aus einem Stückentwurf sein.»[173] Goethe machte aus der Notiz nicht ein Stück, sondern die merkwürdige Gestalt der Ottilie. In seinem Roman «Wahlverwandschaften» setzte er sich mit der Parallelität von menschlichen und chemischen Beziehungsgesetzen auseinander. Die ungebundene Ottilie läßt sich auf den verheirateten Eduard ein und benutzt zur Charakterisierung ihres naturgesetzlich bestimmten, moralischen Fehltritts eine planetarische Metapher, wenn sie in ihr Tagebuch schreibt, ihr fataler Tod sei nicht mehr abwendbar, weil sie von ihrer Bahn abgewichen sei. Ottilie begeht Suizid, indem sie sich zu Tode hungert und so den inneren Urteilsspruch anerkennt, von dem sie glaubt, das Schicksal habe ihn über sie verhängt. Die Charakteristika legen nahe, daß Karoline von Günderrode Goethe als Vorbild für die Gestalt der Ottilie gedient haben mag.

1840 veröffentlichte Bettine von Arnim einen Briefroman mit dem Titel «Die Günderode», in dem sie ihr Bild von Karoline von Günderrode zeichnet. Dabei arbeitete sie echte Briefe Günderrodes, mehrere Briefe Clemens Brentanos und eigene Briefe sehr lose ineinander und vernachlässigte den ihrem Erzähltemperament zu eng gefaßten Maßstab der Historizität weitgehend. Obwohl es Bettine von Arnims Absicht war, ein Stimmungsporträt der Günderrode zu entwerfen und ihr auch einige Skizzen typischer Charakterzüge Günderrodes gelungen sind, verfehlt der Roman die Gestalt Karoline von Günderrodes im großen und ganzen. Dennoch bleibt es Bettine von Arnims Verdienst, das Andenken an Günderrode

Die Günderode.

Erster Theil.

Grünberg und Leipzig,
bei W. Levysohn.
1840.

Bettine von Arnim: «Die Günderode». Titelblatt der Erstausgabe, 1840

wachgehalten zu haben. Außerdem überliefert ihr Roman einige Gedichte und wohl auch Zitate Günderrodes, die ansonsten verlorengegangen wären.

1878 erschien Karl Schwartz' umfangreicher Artikel über Karoline von Günderrode in der «Allgemeinen Encyklopädie der Wissenschaften und Künste». 1906 schrieb der später so verdienstvolle Herausgeber der Schriften Karoline von Günderrodes, Leopold Hirschberg, «Das Mährchen von der schönen Günderode. Zu ihrem 100. Todestag», das dann in die Werkausgabe miteingebunden wurde. 1907 widmete Stefan George Karoline von Günderrode eine Tafel im «Siebenten Ring» [174]. Alexander von Bernus schrieb «Hymnen an die Günderode» (1920); Hugo von Hofmannsthal verwies in den «Gedenktafeln» seines «Deutschen Lesebuchs» (1923) und in seinem Bücherbrief (1922) auf Karoline von Günderrode als ein «Individuum höchst eigener Art» und empfahl die Lektüre ihrer Werke. [175] Hermann Hesse gehörte zu den besten Kennern ihrer Werke, weshalb sein 1922 veröffentlichter «Siddharta» wahrscheinlich nicht zufällig einige Züge der *Geschichte eines Braminen* trägt. 1938 wurde von Richard Wilhelm die erste Monographie über Karoline von Günderrodes Leben veröffentlicht. Von Albert Steffen stammt das Theaterstück «Karoline von Günderrode. Tragödie in fünf Akten» (Dornach ²1954).

Das bislang am häufigsten interpretierte Gedicht an die Dichterin verfaßte Johannes Bobrowski am 9. August 1956, also in Erinnerung an den 150. Todestag Günderrodes. Es erschien im Gedichtband «Sarmatische Zeit» (1960). In der «Frankfurter Anthologie» der «Frankfurter Allgemeinen Zeitung» (2. Februar 1980) interpretierte Wolfgang Koeppen Karoline von Günderrodes nachgelassenes Gedicht *Der Luftschiffer*. Schließlich fanden Christa Wolfs großer Essay «Der Schatten eines Traumes. Karoline von Günderrode – ein Entwurf» und ihre Erzählung über eine fiktive Begegnung zwischen Karoline von Günderrode und Heinrich von Kleist in Winkel am Rhein «Kein Ort. Nirgends» besondere Beachtung. 1999 strahlte der Bayerische Rundfunk Sybil Wageners Günderrode-Film «Die Wirklichkeit tötet den Traum» aus.

Zu Karoline von Günderrodes Bedeutung und Wirkung schlug Christa Wolf vor: «Fortleben könnte sie als Gestalt, die sich der Erfahrung von Vergeblichkeit und Entfremdung unbedingt zu stellen hatte.» [176]

ANMERKUNGEN

1 Bettine von Arnim: Clemens Brentano's Frühlingskranz. Die Günderode. In: Dies.: Werke und Briefe in drei Bänden. Hg. von Walter Schmitz und Sybille von Steinsdorff. Frankfurt am Main 1986, Bd. I, S. 1107 (*zitiert als: von Arnim*)
2 Max Preitz: Karoline von Günderrode in ihrer Umwelt I. Briefe von Lisette und Christian Gottfried Nees von Esenbeck, Karoline von Günderrode, Friedrich Creuzer, Clemens Brentano und Susanne von Heyden. In: Jahrbuch des Freien Deutschen Hochstifts 1962. Tübingen 1962, S. 281 (*zitiert als: Preitz I*)
3 Vgl. Rudolf Jung: Zur Geschichte der Familie von Günderrode. In: Alt-Frankfurt. Vierteljahresschrift für seine Geschichte und Kunst. 5. Jahrgang 1913, Heft 3. Frankfurt a. M. 1913, S. 70
4 Ebenda, S. 68
5 Karl Schwartz: Günderrode (Hekt. Wilh. v.). In: Allgemeine Encyklopädie der Wissenschaften und Künste [...] hg. von J. S. Ersch und J. G. Gruber. Erste Section. Siebenundneunzigster Theil. Leipzig 1878, S. 160
6 So zitiert Schwartz die Worte der Witwe Louise von Günderrode, mit denen sie die Selbstbeschreibung ihres Mannes zu Ende führt. Ebenda, S. 161
7 Zitiert bei Karl Schwartz: Günderrode (Karoline Friederike Louise Maximiliane von), die Dichterin. In: Allgemeine Encyklopädie der Wissenschaften und Künste [...] hg. von J. S. Ersch und J. G. Gruber. Erste Section. Siebenundneunzigster Theil. Leipzig 1878, S. 179 (*zitiert als: Schwartz*)
8 «Ich sende Dir ein zärtliches Pfand». Die Briefe der Karoline von Günderrode. Hg. und mit einer Einleitung versehen von Birgit Wei-

ßenborn. Frankfurt a. M. und Leipzig 1992, S. 53 (*zitiert als: Weißenborn*)
9 Siehe ebenda, S. 24
10 Bettina von Arnim: Goethes Briefwechsel mit einem Kinde. Werke I. Im Auftrag der Nationalen Forschungs- und Gedenkstätte der klassischen Literatur in Weimar hg. von Heinz Härtl. Berlin und Weimar 1986, S. 59 f. (zitiert als: *von Arnim: Werke I*)
11 Siehe Schwartz, S. 169
12 Zitiert bei Richard Wilhelm: Die Günderrode. Dichtung und Schicksal. Mit zeitgenössischen Bildern und Briefproben. Frankfurt a. M. 1938, S. 18 f.
13 Weißenborn, S. 59 f.
14 Schwartz, S. 179
15 Weißenborn, S. 59 f.
16 Ebenda, S. 67
17 Ebenda
18 Ebenda, S. 71
19 Ebenda, S. 91 f.
20 Preitz I, S. 213 f.
21 Weißenborn, S. 46
22 Ebenda, S. 73
23 Max Preitz: Karoline von Günderrode in ihrer Umwelt II. Karoline von Günderrodes Briefwechsel mit Friedrich Karl und Gunda von Savigny. In: Jahrbuch des Freien Deutschen Hochstifts 1964. Tübingen 1964, S. 165 f. (*zitiert als: Preitz II*)
24 Friedrich Schlegel: Dichtungen und Aufsätze. Hg. von Wolfdietrich Rasch. München 1984, S. 453
25 Heinz Biehn, Johanna Baronin Herzogenberg: Große Welt reist ins Bad. München 1960, S. 16 f. Biehn (S. 83) zufolge soll Karoline von Günderrode auch Schlangenbad besucht haben
26 Weißenborn, S. 45
27 Preitz II, S. 198
28 Zitiert bei von Arnim S. 876
29 Weißenborn, S. 74
30 Zitiert bei Adolf Stoll: Der junge Savigny. Kinderjahre, Marburger Jahre und Landshuter Zeit Friedrich

Karl von Savignys. Berlin 1927, S. 58 (*zitiert als: Stoll*)

31 Ebenda, S. 54
32 Ebenda, S. 95
33 Preitz II, S. 197
34 Ebenda, S. 162 f.
35 Ebenda, S. 163 f.
36 Ebenda, S. 165
37 Stoll, S. 97 f.
38 Friedrich Heinrich Jacobi: Woldemar. Eine Seltenheit aus der Naturgeschichte. Flensburg und Leipzig 1779. Fotomechanischer Reprint Stuttgart 1969, S. 144 f.
39 Weißenborn, S. 59
40 Preitz II, S. 165
41 Ebenda, S. 165
42 Ebenda, S. 166
43 Ebenda, S. 167
44 Stoll, S. 162 f.
45 Weißenborn, S. 69
46 Ebenda, S. 65
47 Ebenda, S. 71
48 Preitz II teilt auf S. 217 eine Familientradition mit, derzufolge zwischen Karoline von Günderrode und Savigny «eine Annäherung stattfand, die eine eheliche Verbindung erwarten ließ. Das konnte nicht bezweifelt werden.» Er zitiert hier aus den biographischen Ausarbeitungen über Karoline von Günderrode, die ihre Nichte Maria von Günderrode angefertigt hat. Weiterhin belegt eine Textstelle (ebenda) aus einem Brief Charlotte von Günderrodes vom Sommer 1799 die wahrscheinlich berechtigte Enttäuschung über Savignys Verhalten: «Endlich haben wir die Gelegenheit gefunden, über S. zu sprechen, und haben geradezu erklärt, daß wir ihn nie achten könnten [...].»
49 Schwartz, S. 175
50 Ebenda, S. 176
51 Ebenda, S. 177
52 Doris Hopp, Max Preitz: Karoline von Günderrode in ihrer Umwelt III. Karoline von Günderrodes Studienbuch. In: Jahrbuch des Freien Deutschen Hochstifts 1975. Tübingen 1975, S. 279 (*zitiert als: Preitz III*)
53 Weißenborn, S. 72
54 Preitz II, S. 197 f.
55 Weißenborn, S. 86
56 Preitz II, S. 167 ff.
57 Ebenda
58 Preitz III, S. 266 f.
59 Ebenda, S. 280
60 Preitz II, S. 169 f.
61 Ebenda, S. 170
62 Ebenda, S. 170
63 Ebenda, S. 171
64 von Arnim, S. 535
65 Preitz II, S. 171 f.
66 Ebenda, S. 173 ff.
67 Ebenda, S. 220
68 Dagmar von Gersdorff (Hg.): Lebe der Liebe und liebe das Leben. Der Briefwechsel von Clemens Brentano und Sophie Mereau, Frankfurt a. M. 1980, S. 113
69 Weißenborn, S. 88
70 von Arnim, S. 828
71 Ebenda, S. 829
72 Ebenda, S. 831−833
73 Ebenda, S. 833 f.
74 Ebenda, S. 834 f.
75 Ebenda
76 Ebenda, S. 836
77 Preitz II, S. 174
78 Ebenda, S. 176
79 Ebenda, S. 175
80 Ebenda, S. 178
81 Ebenda, S. 221
82 Ebenda, S. 183 f.
83 Ebenda, S. 186
84 Ebenda
85 Ebenda, S. 191
86 Ebenda, S. 162
87 Ebenda, S. 194
88 Ebenda, S. 198
89 Ebenda, S. 199
90 Ebenda, S. 200
91 Weißenborn, S. 125 f.
92 Preitz II, S. 205
93 Ebenda, S. 212
94 Preitz I, S. 222
95 Ebenda, S. 216
96 Ebenda
97 Ebenda, S. 221

98 Helen M. Kastinger Riley: Die weibliche Muse. Sechs Essays über künstlerisch schaffende Frauen der Goethezeit. Columbia 1986, S. 200

99 Preitz III, S. 291

100 Preitz I, S. 227

101 Preitz II, S. 200f.

102 Preitz I, S. 240

103 Ebenda, S. 250f.

104 Ebenda, S. 252f.

105 Ebenda, S. 230f.

106 Vgl. von Arnim, S. 851

107 Ebenda, S. 850f.

108 Friedrich Wilhelm Joseph Schelling: System des transzendentalen Idealismus. Mit einer Einleitung von Walter Schulz. Hg. von Horst D. Brandt und Peter Müller. Hamburg 1992, Sechster Hauptabschnitt, S. 283–300 (zitiert als: Schelling)

109 von Arnim, S. 1106

110 Preitz III, S. 233, S. 284–289; und SW II, S. 407–412

111 von Arnim, S. 361f.

112 Preitz II, S. 207

113 von Arnim: Werke I, S. 65

114 Weißenborn, S. 232

115 Ebenda, S. 1107

116 Ebenda, S. 1105

117 Weißenborn, S. 358

118 von Arnim: Werke I, S. 59

119 von Arnim, S. 649

120 Weißenborn, S. 212f.

121 Paul Pattloch: Unbekannte Briefe der Karoline von Günderrode an Friedrich Creuzer. In: Hochland 35 (Oktober 1937 – März 1938) Bd. I. Kempten und München, S. 56 (zitiert als: Pattloch)

122 Schelling, I/4, S. 222f.

123 Ebenda, S. 158

124 Ebenda, S. 165

125 Preitz II, S. 230

126 Briefe Friedrich Creuzers an Savigny (1799–1850). Unter Mitarbeit von Ingeborg Schnack hg. von Hellfried Dahlmann. Berlin 1972, S. 138 (zitiert als: Creuzer)

127 Weißenborn, S. 224

128 Creuzer, S. 138

129 Ebenda, S. 140

130 Ebenda, S. 138f.

131 von Arnim: Werke I, S. 75

132 Franz Josef Görtz (Hg.): Die Liebe der Günderrode. Ein Roman in Briefen. München 1991, S. 19f. (zitiert als: Görtz)

133 Preitz I, S. 253

134 Weißenborn, S. 178

135 Ebenda, S. 184

136 Görtz, S. 161f.

137 Weißenborn, S. 363

138 Ebenda, S. 236

139 Ebenda, S. 241

140 Ebenda, S. 273

141 Ebenda, S. 282

142 Preitz I, S. 275

143 Weißenborn, S. 225

144 Ebenda, S. 350

145 Ebenda, S. 216

146 Ebenda, S. 252

147 Ebenda, S. 255

148 Ebenda, S. 174

149 Ebenda, S. 201f.

150 Ebenda, S. 206

151 Görtz, S. 173

152 Weißenborn, S. 305

153 Ebenda, S. 258

154 Ebenda, S. 324

155 Ebenda, S. 223

156 Ebenda, S. 273

157 Pattloch, S. 57

158 Weißenborn, S. 321

159 von Arnim, S. 864f.

160 Ebenda, S. 329

161 Ebenda, S. 333

162 Ebenda, S. 338f.

163 Ebenda

164 Ebenda, S. 340

165 Ebenda, S. 341

166 Ebenda, S. 343

167 Ebenda, S. 345f.

168 Creuzer, S. 191

169 Weißenborn, S. 344

170 Stoll, S. 290

171 Schwartz, S. 217f.

172 von Arnim, S. 876

173 Karoline von Günderrode: Der Schatten eines Traumes. Hg. und mit einem Essay von Christa Wolf. Darmstadt 1979, S. 46 (zitiert als: Wolf)

174 Stefan George: Der Siebente Ring. Berlin ⁴1919

175 Hugo von Hofmannsthal (Hg.): Deutsches Lesebuch. Frankfurt a. M. 1952, S. 448, und Ders.: Gesammelte Werke in Einzelausgaben. Hg. v. H. Steiner, Frankfurt a. M. 1955, Prosa IV, S. 376

176 Wolf, S. 50

1780 11. 2.: Geboren in Karlsruhe.

1786 7. 5.: Vater Hektor von Günderrode gestorben; Umzug nach Hanau.

1794 30. 3.: Schwester Louise im Alter von 13 Jahren (an Schwindsucht?) gestorben.

1797 4. 4.: Aufnahme in das v. Cronstetten-Hynspergische Adelige Damenstift in Frankfurt; Freundschaft mit Lisette Mettingh und Susanne von Heyden.

1799 Mai: Begegnung mit Savigny bei Familie Leonhardi in Lengfeld;
Sommer: Kur in Wilhelmsbad. Briefwechsel mit Karoline von Barkhaus.
Ende: Großmutter Louise gestorben.

1800 Januar–8.3.: Bei Großvater in Butzbach; Bekanntschaft mit Pfarrer Diefenbach von Ostheim; Studien.

1801 März: Beginn der Bekanntschaft mit Kunigunde (Gunda) und Bettine Brentano.
Juli: Bekanntschaft mit Clemens Brentano.
Ab 11. 8.: Briefwechsel mit Gunda Brentano bis 1803.
29. 10.: Schwester Charlotte an Schwindsucht gestorben.
Dez.: Karoline krank.

1802/03 Einzelne Briefe von und an Clemens Brentano.
6. 4.: Schwester Amalie (an Schwindsucht?) gestorben.
18. 10.: Majorennerklärung von Karoline und ihrer Schwester Wilhelmine.

1803 März: Erbschaftsstreit mit der Mutter gewinnt an Heftigkeit.
März–Mitte Mai: Wilhelmine und Karoline «fliehen» vor der Mutter zur Tante Charlotte von Nordeck nach Gießen.

Heftiges Augenleiden und Kopfschmerzen.
Juni: Briefwechsel mit Savigny.
22./23. 12.: Auf Savignys Gut Trages.

1804 5. 2.: Schwester Wilhelmine heiratet Karl du Bos Baron du Thil.
5. 3.: Lisette Mettingh heiratet Christian Nees von Esenbeck.
17. 4.: Savigny heiratet Gunda Brentano in Meerholz.
Nach 17.4.–30. 5.: Auf Savignys Gut Trages.
21. 4.: Lisette Nees zieht mit ihrem Mann nach Sickershausen; danach Briefwechsel mit Lisette und mit Christian Nees.
April: *Gedichte und Phantasien* erschienen.
1. 5.–10. 6.: Erneuter Briefwechsel mit Clemens Brentano anläßlich des Erscheinens von *Gedichte und Phantasien*.
4. 8.: In Heidelberg Treffen mit Creuzer, Brentano, Daub u.a.
5. 8.: Ausflug zum Stift Neuburg in der Umgebung von Heidelberg; Ereignis auf dem Altan des Schlosses.
Ende September: Eventuell in Heidelberg, wohl Besuch der Aufführung von Schillers «Jungfrau von Orleans» mit Creuzer in Mannheim.
Ab 4. 10.: Briefwechsel mit Creuzer. Um 16. 10.: Creuzer zu Besuch in Frankfurt.

1805 Januar: Karoline von Günderrode kümmert sich um die kranke Bettine Brentano.
April: Regelmäßige Zusammenkünfte mit Bettine Brentano.
Poetische Fragmente erschienen.
Frühjahr: *Geschichte eines Braminen* in LaRoches «Herbsttagen» erschienen.
1. 5.: Creuzer zu Besuch in Frankfurt.
Mitte Mai: *Udohla* und *Magie und*

Schicksal in Daub/Creuzers «Studien» erschienen.

14.–18. 8.: Mit Susanne von Heyden bei den Nees in Sickershausen. 18. 8.: Karoline von Günderrode reist wegen dringendem Vorfall plötzlich nach Darmstadt ab; etwa um diese Zeit Heiratsabkommen zwischen Creuzer und ihr.

22.–23. 9.: In Heidelberg; Treffen mit Creuzer.

Herbst: Sophie Creuzer scheidungswillig; Aufschiebung der Scheidung durch Creuzer.

Oktober: Creuzer rät Karoline von Günderrode zu Briefen an Daub; ihre Briefe an Daub.

Nikator im «Taschenbuch auf das Jahr 1806» erschienen.

18. 10.: Creuzer zu Besuch in Frankfurt.

24.–31. 10.: Karoline von Günderrode auf Trages.

1806 23. 2.: *Melete* an Zimmer und Mohr verkauft.

Um 30. 4.: Creuzer trifft Karoline auf Durchreise nach Marburg in Frankfurt. 11. 4.: Creuzer trifft Karoline auf Rückreise in Frankfurt.

24. 5.–Mitte Juni: Aufenthalt in Winkel am Rhein; Ende Juni – auf Drängen Creuzers – Bruch mit Bettine Brentano.

28./29. 6.: Creuzers letzter Besuch bei Karoline von Günderrode in Frankfurt.

17.–26. 7.: Mit ihren Freundinnen Paula und Charlotte Servière in Winkel, im Landhaus des Frankfurter Kaufmannes Josef Mertens.

Ab 16. 7.: Creuzers Krankheit. 18. 7.: Creuzer kündigt in Gegenwart von Daub u. a. das Verhältnis zu Karoline von Günderrode auf und beauftragt Daub mit dem Brief an Susanne von Heyden.

24. 7.: Susanne von Heyden sendet Daubs Briefe und ihre Worte an Charlotte Servière in Winkel.

26. 7.: Karoline von Günderrodes Tod in Winkel.

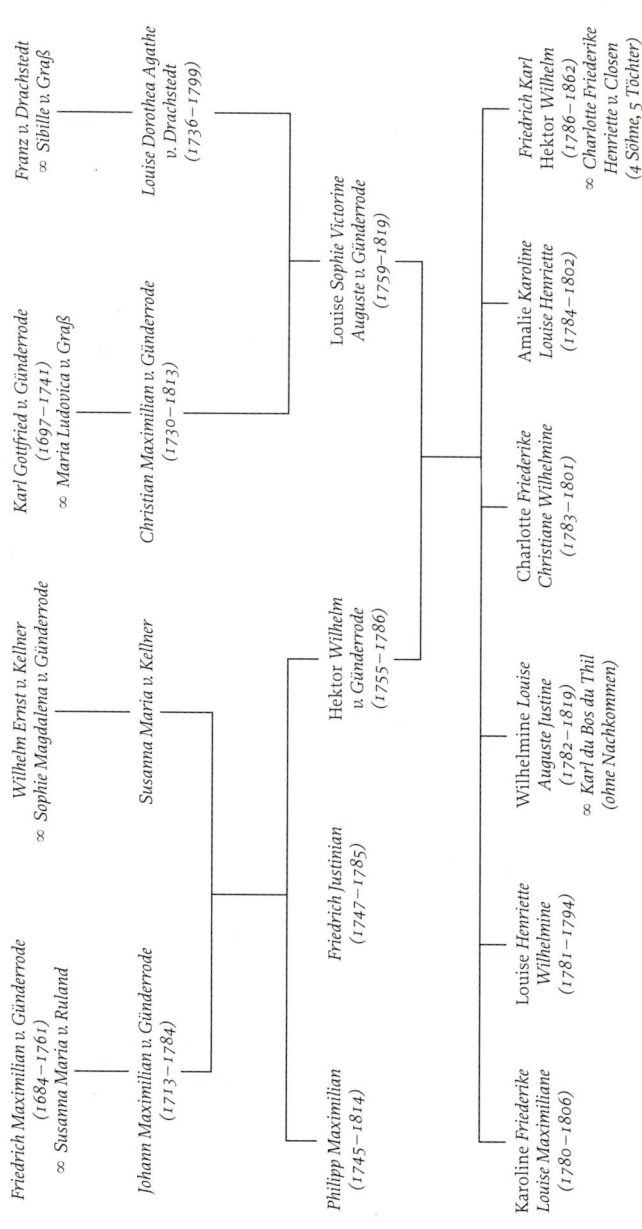

STAMMBAUM VON KAROLINE VON GÜNDERRODE

Friedrich Maximilian v. Günderrode
(1684–1761)
∞ Susanna Maria v. Ruland

Johann Maximilian v. Günderrode
(1713–1784)

Wilhelm Ernst v. Kellner
∞ Sophie Magdalena v. Günderrode

Susanna Maria v. Kellner

Karl Gottfried v. Günderrode
(1697–1741)
∞ Maria Ludovica v. Graß

Christian Maximilian v. Günderrode
(1730–1813)

Franz v. Drachstedt
∞ Sibille v. Graß

Louise Dorothea Agathe
v. Drachstedt
(1736–1799)

Louise Sophie Victorine
Auguste v. Günderrode
(1759–1819)

Philipp Maximilian
(1745–1814)

Friedrich Justinian
(1747–1785)

Hektor Wilhelm
v. Günderrode
(1755–1786)

Karoline Friederike
Louise Maximiliane
(1780–1806)

Louise Henriette
Wilhelmine
(1781–1794)

Wilhelmine Louise
Auguste Justine
(1782–1819)
∞ Karl du Bos du Thil
(ohne Nachkommen)

Charlotte Friederike
Christiane Wilhelmine
(1783–1801)

Amalie Karoline
Louise Henriette
(1784–1802)

Friedrich Karl
Hektor Wilhelm
(1786–1862)
∞ Charlotte Friederike
Henriette v. Closen
(4 Söhne, 5 Töchter)

ZEUGNISSE

Susanne von Heyden, 1806

Lina dachte klein von allen diesen Welturteilen, ihr Herz war größer denn diese Welt, nur die innigste Liebe konnte es lebend erhalten, als diese starb, brach auch ihr Herz.

Sophie von LaRoche, 1806

Der elende Zerstörer von armer Günderroder Grundsätze ist, wie gesagt, Professor Creuzer in Heidelberg, welchem sie schrieb: «Den Tag, wo Sie sich von Ihrer Frau scheiden lassen, schreiben Sie mein Todesurteil, denn ich will dieses nicht überleben.» Und sie hielt unseligerweise Wort.

Herzogin Amalie von Sachsen-Weimar, 1806

Der Idealismus hat schon manche Opfer dem Charon zugebracht!

Lisette Nees von Esenbeck, 1806

Sie fiel, ein Opfer der Zeit, mächtiger in ihr würkender Ideen, frühzeitig schlaff gewordener sittlicher Grundsäze: eine unglückliche Liebe war nur die Form unter der dies alles zur Erscheinung kam, die Feuerprobe die sie verherrlichen und verzehren musste.

Christian Nees von Esenbeck, 1807

Caroline von Günderode wollte dichten als Weib im männlichen Geiste. Ihr Streben ging nach dem Idealen in der romantischen Kunst. Aber die weibliche Natur in ihr ließ sie jenes – das Bewußte ihrer Absicht, dieses Ziels verfehlen. In einer kraftlosen Mitte erlahmte ihr Flug.

Friedrich Karl von Savigny, 1808

Es wäre traurig, wenn alle Irrthümer so enden müssten!

Achim von Arnim, 1812

Arme Sängerin, können die Deutschen unserer Zeit nichts, als die Schöne verschweigen, das Ausgezeichnete vergessen und den Ernst entheiligen? Wo sind Deine Freunde? Keiner hat der Nachwelt die Spuren Deines Lebens und Deiner Begeisterung gesammelt; die Furcht vor dem Tadel der Heillosen hat sie alle gelähmt. Nun erst verstehe ich die Schrift auf Deinem Grabe, die von den Thränen des Himmels jetzt fast ausgelöscht ist; nun weiß ich, warum Du die Deinen alle nennst, nur die Menschen nicht.

Johann Wolfgang von Goethe, 1814

Man zeigte mir am Rheine zwischen einem Weidicht den Ort, wo Fräulein von Günderode sich entleibt. Die Erzählung dieser Katastrophe, an Ort und Stelle, von Personen, welche in der Nähe gewesen und Theil genommen, gab das unangenehme Gefühl, was ein tragisches Local jederzeit erregt.

Bettine von Arnim, 1839

Das Meiste und Beste, was ich geworden bin, habe ich der Günderrode zu danken.

Richard Wihelm, 1938

Ihre Gestalt ist schmal, ihre Gebärde sparsam, ihr Ausdruck fast monoton. Auch in den wechselvollen Tagen der Leidenschaft bleibt sie harmonisch, einfach, rein. Darum ist sie schwer zu fassen und sichtbar zu machen, in dem Maße schwerer, als das Reine, Harmonische, Einfache schwerer zu bemerken ist als das Zerspaltene, Interessante, Auffallende.

Im Schicksal der Karoline von Günderrode spricht sich eine verwandte Welt mit aus. Die schwermütige Kunde, die sie davon gibt, ist der Gegenstand unseres Gedächtnisses – es ist die Wahrheit der heroischen Naturen: daß der Mensch die Welt überwindet, der sich selber treu bleibt bis in den Tod.

Walther Rehm, 1942

Wo Karoline von diesen Dingen spricht, wo sie sich in solch dunkler Gemeinschaft der Toten fühlt, da dringen aus ihr die tiefen, tief erregten und erregenden Töne hervor, da steht sie ernst, voll strengen Willens und geheimer Schwermut in der Herzmitte der Empfindungen, da gelingen ihr die beschwörenden, eigentlich magischen Worte, mit denen sie feierlich und innig zugleich die großen Mächte und Zustände des Daseins, allen voran die Liebe und den Tod, anruft.

Christa Wolf, 1979

«Die Erde ist mir Heimat nicht geworden.» Es steht nicht zu erwarten, daß wir, die spätere Nachwelt also, diesen Spruch aufheben werden, zu fremd ist auch unsrer Zeit der Günderrode Anspruch auf Ganzheit, Einheitlichkeit, Tiefe und Wahrhaftigkeit des Empfindens, zu unheimlich ihre Absolutheit im Bedürfnis, Leben und Schreiben in Einklang zu bringen.

Ingeborg Drewitz, 1988

Der Tod hatte sie überwachsen wie der Krebs. Kann man ihr das vorwerfen? Ihr Selbstmord hat viele erregt, viele gerührt. Deutlicher hat er sie nicht gemacht. Aber sie hatte sich ja nie ganz preisgegeben, hatte ihre Umrisse unbestimmt gehalten, anziehend und fremd zugleich. Daß sie an jenem 26. Juli 1806 längst mit dem Tod versöhnt war, haben die Freunde nicht begreifen können.

Bibliographie

Werkausgaben

Sämtliche Werke und ausgewählte Studien. Historisch-kritische Ausgabe. 3 Bände. Hg. v. Walter Morgenthaler unter Mitarbeit von Karin Obermeier und Marianne Graf. Basel und Frankfurt am Main, 1990 f. (*im Text zitiert als: SW*)

Preitz, Max / Hopp, Doris: *Karoline von Günderrode in ihrer Umwelt III. Karoline von Günderrodes Studienbuch.* In: Jahrbuch des Freien Deutschen Hochstifts 1975. Tübingen 1975, S. 223–323

Eine Werkauswahl im Taschenbuch bieten:

Karoline von Günderrode: *Der Schatten eines Traumes. Gedichte, Prosa, Briefe, Zeugnisse von Zeitgenossen.* Hg. und mit einem Essay von Christa Wolf. Darmstadt 1979, München ²1997

Karoline von Günderrode: *Gedichte.* Hg. von Franz Josef Görtz. Frankfurt a. M. 1985

Karoline von Günderrode: *Gedichte, Prosa, Briefe.* Hg. von Hannelore Schlaffer. Ditzingen 1998

Briefausgaben

Amelung, Heinz: *Karoline von Günderrode an Bettine und Clemens Brentano.* In: Der grundgescheute Antiquarius. 1 (1920–22) Nr. 4–5, S. 130–137

Arnim, Bettine von: *Clemens Brentano's Frühlingskranz. Die Günderode.* Hg. von Walter Schmitz. Frankfurt a. M. 1986

Bianquis, Geneviève: *Caroline de Günderode 1780–1806. Ouvrage accompagné de lettres inédites.* Paris 1910

Briefe Friedrich Creuzers an Savigny (1799–1850). Unter Mitarbeit von

Ingeborg Schnack hg. von Hellfried Dahlmann. Berlin 1972

Geiger, Ludwig: *Karoline von Günderode und ihre Freunde. Mit dem Porträt der Dichterin.* Stuttgart, Leipzig, Berlin, Wien 1895

Görtz, Franz Josef: *Die Liebe der Günderrode. Ein Roman in Briefen.* München 1991

Pattloch, Paul: *Unbekannte Briefe der Karoline von Günderrode an Friedrich Creuzer.* In: Hochland 35 (Oktober 1937–März 1938) Bd. I. Kempten und München, S. 50–59

Preisendanz, Karl: *Die Liebe der Günderode. Friedrich Creuzers Briefe an Caroline von Günderode.* München 1912

Preitz, Max: *Karoline von Günderrode in ihrer Umwelt I. Briefe von Lisette und Christian Nees von Esenbeck, Karoline von Günderrode, Friedrich Creuzer, Clemens Brentano und Susanne von Heyden.* In: Jahrbuch des Freien Deutschen Hochstifts 1962. Tübingen 1962, S. 208–306

–: *Karoline von Günderrode in ihrer Umwelt II. Karoline von Günderrodes Briefwechsel mit Friedrich Karl und Gunda von Savigny.* In: Jahrbuch des Freien Deutschen Hochstifts 1964. Tübingen 1964, S. 158–235

Weißenborn, Birgit: *«Ich sende Dir ein zärtliches Pfand». Die Briefe der Karoline von Günderrode.* Frankfurt a. M. und Leipzig 1992

Auswahl aus der Sekundärliteratur

Die bislang ausführlichste Übersicht findet sich in der Monographie von **Margarete Lazarowicz**. Da sich die Sekundärliteratur hauptsächlich literaturwissenschaftlichen Problemen widmet, sind hier nur Titel aufgeführt, die bei Lazarowicz fehlen.

Bohrer, Karl Heinz: *Der romantische*

Brief. Die Entstehung der modernen Subjektivität. München 1987

Burdorf, Dieter: «*Diese Sehnsucht ist ein Gedanke, der ins Unendliche starrt*». *Über Karoline von Günderrode – aus Anlaß neuer Ausgaben ihrer Werke und Briefe.* In: Heinz Rölleke (Hg.): Wirkendes Wort. Deutsche Sprache in Forschung und Lehre. Bonn 1993, S. 49–67

Foldenauer, Karl: *Karoline von Günderrode (1780–1806).* In: Beatrice Steiner (Hg.): Kostbarkeiten. Essays und Laudationes zur Literatur des 19. und 20. Jahrhunderts. Waldkirch i. Br. 1981, S. 81–112

Gründken, Gudrun: *Karoline von Günderrode.* In: Marit Rullmann: Philosophinnen Bd. II. Frankfurt a. M. 1998, S. 25–31

Hille, Markus: *Die Schelling-Rezeption der Karoline von Günderrode.* Magisterarbeit. München 1996

Kastinger Riley, Helen M.: *Die weibliche Muse. Sechs Essays über künstlerisch schaffende Frauen der Goethezeit.* Columbia 1986

Krömmelbein, Thomas: «*Scandinavische Weissagungen*». *Zu Karoline von Günderrodes Balder-Dichtung,* in: Arbeitsgemeinschaft Antiquariat im Börsenverein (Hg.): Aus dem Antiquariat 1997/6, A 299 – A 303 (Börsenblatt für den Deutschen Buchhandel Nr. 51, vom 27. Juni 1997)

Lazarowicz, Margarete: *Karoline von Günderrode. Porträt einer Fremden.* Europäische Hochschulschriften I. 923. Frankfurt a. M. 1986

Westphal, Wolfgang: *Karoline von Günderrode und «Naturdenken um 1800».* Diss. Essen 1993

Film

Wagener, Sybil: *Die Wirklichkeit zerstört den Traum.* Bayerischer Rundfunk, München 1999

Über den Autor

Markus Hille M. A., geb. Schiffelholz, geboren 1967 in Monheim am Rhein. Studierte katholische Theologie, Germanistik und Philosophie an der Ludwig-Maximilians-Universität und der Philosophischen Hochschule S. J. in München. Magisterarbeit über die Schelling-Rezeption Karoline von Günderrodes. Absolvent der Drehbuchwerkstatt München, der Drehbuchwerkstatt «Talente» an der Katholischen Medienakademie Ludwigshafen und des Romanautorenseminars der Bertelsmann-Stiftung, des Deutschen Literaturfonds und des Literaturhauses München. Drehbuch und Roman über Karoline von Günderrode. Lebt als freier Autor und Drehbuchautor in Murnau am Staffelsee.

Dank und Widmung

Den vielen Helfern, die am Zustandekommen dieses Buches mitgewirkt haben, sei hier nochmals gedankt. Herzlichen Dank schulde ich meiner Frau Barbara, ohne deren liebevolle Hilfe meine intensive Arbeit an der Gestalt Karoline von Günderrodes nicht denkbar gewesen wäre. Ihr ist dieses Buch gewidmet.

rowohlts monographien
Begründet von Kurt Kusenberg, herausgegeben von Wolfgang Müller und Uwe Naumann.

Literatur

Alfred Andersch
dargestellt von
Bernhard Jendricke
(50395)

Lou Andreas-Salomé
dargestellt von Linde Salber
(50463)

Bettine von Arnim
dargestellt von
Prof. Helmut Hirsch
(50369)

Jane Austen
dargestellt von
Wolfgang Martynkewicz
(50528)

Ingeborg Bachmann
dargestellt von Hans Höller
(50545)

Simone de Beauvoir
dargestellt von
Christiane Zehl Romero
(50260)

Wolfgang Borchert
dargestellt von
Peter Rühmkorf
(50058)

Albert Camus
dargestellt von
Brigitte Sändig
(50544)

Paul Celan
dargestellt von Prof. Dr.
Wolfgang Emmerich
(50397)

Ernest Hemingway
Hans-Peter Rodenberg

Raymond Chandler
dargestellt von
Thomas Degering
(50377)

Theodor Fontane
dargestellt von
Helmuth Nürnberger
(50145)

Ernest Hemingway
dargestellt von
Hans-Peter Rodenberg
(50626)

Henrik Ibsen
dargestellt von
Gerd E. Rieger
(50295)

James Joyce
dargestellt von Jean Paris
(50040)

rowohlts monographien

Ein Gesamtverzeichnis der Reihe *rowohlts monographien* finden Sie in der *Rowohlt Revue*. Vierteljährlich neu. Kostenlos in Ihrer Buchhandlung. Rowohlt im Internet: www.rowohlt.de

rowohlts monographien
Begründet von Kurt Kusenberg, herausgegeben von Wolfgang Müller und Uwe Naumann.

Thomas Bernhard
dargestellt von Hans Höller
(50504)

Hermann Broch
dargestellt von Manfred Durzak
(50537)

Agatha Christie
dargestellt von Monika Gripenberg
(50493)

Carlo Goldoni
dargestellt von Hartmut Scheible
(50462)

Franz Kafka
dargestellt von Klaus Wagenbach
(50091)

Gotthold Ephraim Lessing
dargestellt von Wolfgang Drews
(50075)

Jack London
dargestellt von Thomas Ayck
(50244)

Die Familie Mann
dargestellt von Hans Wißkirchen
(50630)

Nelly Sachs
dargestellt von Gabriele Fritsch- Vivié
(50496)

William Shakespeare
dargestellt von Alan Posener
(50551)

Die Familie Mann
Hans Wißkirchen

Theodor Storm
dargestellt von Hartmut Vinçon
(50186)

Italo Svevo
dargestellt von François Bondy und Ragni Maria Gschwend
(50459)

Jules Verne
dargestellt von Volker Dehs
(50358)

Oscar Wilde
dargestellt von Peter Funke
(50148)

Stefan Zweig
dargestellt von Hartmut Müller
(50413)

Ein Gesamtverzeichnis der Reihe *rowohlts monographien* finden Sie in der *Rowohlt Revue*. Vierteljährlich neu. Kostenlos in Ihrer Buchhandlung.
Rowohlt im Internet:
www.rowohlt.de

rowohlts monographien

rowohlts monographien
Begründet von Kurt Kusenberg, herausgegeben von Wolfgang Müller und Uwe Naumann.

Ingmar Bergman
dargestellt von Eckhard Weise
(50366)

Luis Buñuel
dargestellt von Michael Schwarze
(50292)

Charlie Chaplin
dargestellt von Wolfram Tichy
(50219)

Walt Disney
dargestellt von Reinhold Reitberger
(50226)

Eleonora Duse
dargestellt von Doris Maurer
(50388)

Federico Fellini
dargestellt von Michael Töteberg
(455)

Gustaf Gründgens
dargestellt von Heinrich Goertz
(315)

Alfred Hitchcock
dargestellt von Bernhard Jendricke
(420)

Fritz Kortner
dargestellt von Peter Schütze
(531)

Mary Wigman
Gabriele Fritsch-Vivié

Ernst Lubitsch
dargestellt von Herta-Elisabeth Renk
(50502)

Marilyn Monroe
dargestellt von Ruth-Esther Geiger
(50507)

Pier Paolo Pasolini
dargestellt von Otto Schweitzer
(50354)

Karl Valentin
dargestellt von Michael Schulte
(50144)

Mary Wigman
dargestellt von Gabriele Fritsch-Vivié
(50597)

rowohlts monographien

Ein Gesamtverzeichnis der Reihe *rowohlts monographien* finden Sie in der *Rowohlt Revue.* Vierteljährlich neu. Kostenlos in Ihrer Buchhandlung.
Rowohlt im Internet:
www.rowohlt.de